Vers un nouveau modèle agricole

Pierre-Marie Aubert

Vers un nouveau modèle agricole

Quelle transition pour la France et pour l'Europe ?

Préface de Pascal Canfin

Odile Jacob

Infographie : Ivan Pharabod

3, rue Auguste-Comte, 75006 Paris

www.odilejacob.fr

ISBN : 978-2-4150-1106-2

Préface

Lire Pierre-Marie Aubert est toujours un bonheur ! Pour qui s'intéresse à l'agriculture, à la façon dont nous produisons notre alimentation et aux enjeux de la transition agroécologique, lire Pierre Marie Aubert, c'est la certitude d'être plus intelligent – ou simplement moins bête – une fois le livre refermé. L'auteur mobilise de manière extrêmement pédagogique une somme de connaissances pour répondre aux questions essentielles qui ont explosé dans le débat public en France et en Europe lors de l'hiver 2023-2024 : Peut-on produire plus ? Avec ou sans pesticides ? Manger de la viande, est-ce bon ou pas pour l'environnement ? Pourquoi les agriculteurs ne gagnent-ils pas mieux leur vie aujourd'hui ? Pourquoi a-t-on perdu plus de 25 % des fermes au cours des dix dernières années ?

Au-delà du plaisir qu'il procure, le livre de Pierre-Marie Aubert devrait être une lecture imposée à toutes celles et tous ceux qui occupent des fonctions les amenant à décider du sort de notre agriculture, des agriculteurs et de la production de notre alimentation. Car, avec beaucoup d'intelligence, il dépolarise un débat qui, dans nos rues comme sur les plateaux

TV et malheureusement également dans nos enceintes de délibération démocratique, se résume le plus souvent à des polémiques et à des simplismes.

Cette polarisation extrême qui nuit gravement à l'intelligence collective, je l'ai vécue personnellement lors de la crise agricole de l'hiver 2023-2024. En tant que député européen aux premières loges du Pacte vert, je me suis retrouvé cloué au pilori par certains syndicats agricoles qui ont collé des affiches « *Wanted* » avec ma photo dans les couloirs du Salon de l'agriculture 2024. Et des animateurs TV tout en nuance, comme Pascal Praud, ont décidé de faire de moi le responsable de tous les maux rencontrés par les agriculteurs qui manifestaient dans nos rues. Le plus ironique dans tout cela est que, quatre ans auparavant, lors du vote en 2020 de la Politique agricole commune au Parlement européen, j'étais la cible de certaines ONG environnementales qui trouvaient que la conclusion des négociations était une « pure trahison » des objectifs environnementaux.

Si cela m'est arrivé, comme à tous ceux qui s'efforcent de tenir une position équilibrée, c'est parce que je refuse de « choisir mon camp ». Pour dépolariser ce débat de société, il faut commencer par revenir à la science agronomique et aux fondamentaux des évolutions de l'agriculture depuis la fin de la Seconde Guerre mondiale. C'est ce que fait avec brio Pierre-Marie Aubert en mettant à profit sa double culture d'ingénieur agronome et de docteur en science politique. Ce qui rend la lecture de cet ouvrage passionnante, c'est qu'il mobilise à la fois les acquis des sciences dures, comme la chimie des sols, et les interrogations des sciences sociales sur la création des conditions de la réussite d'un changement social à grande échelle comme l'est la transition agroécologique.

Cette expertise permet de déconstruire les idées toutes faites qui irriguent le débat public. Et notamment l'idée, centrale dans le discours des responsables agricoles, de la nécessité de « produire plus pour être plus souverain ». Or Pierre-Marie Aubert démontre que l'augmentation de la production, par principe et sans changement agroécologique, signifie plus d'importations d'engrais fabriqués à partir de gaz fossile, notamment russe, et plus d'importations de soja du Brésil utilisé pour l'alimentation de notre cheptel. Autrement dit, encore moins de souveraineté et plus de dépendances !

Dans ce contexte, au Parlement européen, j'agis pour dépolariser ces sujets, et trouver une nouvelle « théorie du changement » de la transition agroécologique qui, si nous n'essayons pas une autre méthode, me semble aujourd'hui impossible à réaliser. Je ne donnerai ici que quelques grandes lignes de cette approche que je résume par un triangle : revenus-protection-transition. En quoi consiste-t-elle ?

Il s'agit tout d'abord de renforcer la position des agriculteurs dans les négociations sur les prix. Comme le montre l'auteur, compte tenu des gains de productivité exceptionnels réalisés depuis plus de cinquante ans, les agriculteurs devraient être très riches ! S'ils ne le sont pas – à l'exception de quelques-uns – c'est parce que ces gains de productivité ont été largement captés par d'autres. Par la grande distribution et les industries agroalimentaires d'une part, et par les consommateurs d'autre part. Nous consacrons beaucoup moins d'argent à nous nourrir aujourd'hui qu'il y a cinquante ans alors que l'offre est infiniment plus importante. La répartition des bénéfices liés aux gains de productivité est donc un débat clé qu'il faut poser aussi à l'échelle européenne pour éviter les distorsions de concurrence entre les agriculteurs des différents pays. C'est le sens d'une loi « EGalim » européenne.

Il s'agit ensuite d'assurer une réelle lutte contre les concurrences inéquitables *via* des mesures miroirs. Il est en effet inacceptable que nous importions des produits qui ne respectent pas les normes que nous imposons à nos propres producteurs en matière de pesticides ou d'hormones par exemple. Nous avons fait des progrès ces dernières années, mais nous sommes encore loin du compte. La Commission européenne a ainsi démontré dans un audit réalisé en 2024 que le Brésil était incapable de garantir qu'il respectait son obligation de ne pas exporter vers l'Europe de la viande de bœufs élevés avec des hormones de croissance, cancérigènes, interdites chez nous ! Ce contrôle a conduit le Brésil à suspendre pour au moins un an ses exportations de viande bovine femelle. Nous devons conduire systématiquement ce type de contrôle et mettre en place des mesures miroirs sur l'ensemble des productions. Je me bats pour cela au Parlement européen.

Enfin, nous ne pouvons engager la transformation de notre production agricole que si nous embarquons l'ensemble de la chaîne de valeur agroalimentaire. Aujourd'hui, les agriculteurs sont – en moyenne et sans nier les inégalités très fortes entre eux que rappelle à juste titre Pierre-Marie Aubert – les acteurs économiques les plus vulnérables de la chaîne de valeur qui va de la production à la distribution en passant par la transformation de notre alimentation. Or les règles du jeu, sur le bien-être animal comme sur les pesticides ou la qualité des eaux et des sols, ne portent que sur l'amont agricole. Résultat : un agriculteur est obligé de se conformer à une norme sans que son client ne le soit. Les coûts associés au respect de cette norme sont donc supportés par l'agriculteur et non par l'acheteur qui n'a aucune obligation associée. Dans la négociation commerciale, il est difficile – sauf dans quelques cas comme l'agriculture biologique – à l'agriculteur de répercuter les coûts. Les normes sont associées de ce fait à des contraintes sans création de valeur par le monde agricole. C'est exactement ce que nous avons vu pendant la crise agricole de l'hiver 2023-2024. Pour changer cela, il faut que les transformateurs et les distributeurs de notre alimentation soient également tenus de se conformer aux mêmes normes que les agriculteurs. Ainsi, comment expliquer qu'un cultivateur européen ne puisse pas utiliser les pesticides considérés comme les plus dangereux mais qu'un transformateur puisse continuer à acheter et un distributeur à vendre des denrées produites dans le reste du monde grâce à ces mêmes pesticides ? Voilà un changement profond de logique qui est à mes yeux une clé pour déverrouiller une situation autrement largement bloquée au sein du monde agricole.

Pierre-Marie Aubert ne s'en cache pas : ses analyses n'ont qu'un objectif, nourrir une action publique documentée, écologiquement et économiquement rationnelle. Avec cet ouvrage, il nous en donne les moyens. Place à l'action !

Pascal CANFIN,
député européen.

INTRODUCTION

Que faire ? Un problème aux multiples facettes

Hiver 2023-2024. À travers toute l'Europe, de l'Espagne à la Pologne et à la Bulgarie en passant par la France, l'Italie ou l'Allemagne, des agriculteurs et des agricultrices s'emparent de leurs tracteurs et montent dans les capitales pour manifester leur mécontentement. À plusieurs reprises, c'est Bruxelles, le centre politique et administratif de l'Union européenne, qui est même ciblé. Si les Français sont coutumiers des mobilisations agricoles, rarement une crise d'une telle ampleur n'avait secoué simultanément autant de pays européens. Les motivations des protagonistes se sont révélées multiples, parfois contradictoires. Trois d'entre elles sont ressorties avec vigueur : l'exigence d'une plus grande reconnaissance de la dignité du métier d'agriculteur ; la dénonciation d'un étouffement par les normes, principalement environnementales ; et la demande d'une amélioration des revenus agricoles.

Dans ce contexte, ce livre offre d'abord une relecture de la « modernisation agricole » des soixante dernières années pour tenter d'expliquer comment nous en sommes arrivés là. À rebours des nombreux commentaires qui ont émaillé cette crise et qui prétendaient trop souvent avoir « la » solution sans toujours avoir bien qualifié ce qui posait problème, il propose ensuite d'embrasser les défis que doit relever notre système agricole dans leur diversité et leur complexité. Ces défis sont sociaux et économiques : assurer un revenu décent aux hommes et aux femmes qui produisent de quoi nous nourrir ; fournir des emplois et contribuer à la dynamique des territoires ruraux ; offrir une alimentation saine et accessible à tous. Ils sont géopolitiques : contribuer aux équilibres alimentaires mondiaux en faisant notre « juste part ». Ils sont enfin environnementaux : adapter l'agriculture aux changements environnementaux en cours, tout en réduisant ses émissions de gaz à effet de serre et en contribuant à reconquérir une biodiversité en berne à travers tous les territoires.

Car, face à ces défis, le débat – et parfois même la polémique – va bon train. « Il faut réguler les marchés », disent les uns ; « Les normes environnementales tuent nos agriculteurs, il faut s'en affranchir », répondent d'autres ; « Ce sont les industriels et les distributeurs qui tondent la laine sur le dos de nos agriculteurs : forçons-les à payer le juste prix ! », avancent encore d'autres ; tandis qu'on peut aussi entendre : « La transition agroécologique créera des milliers d'emplois dans les territoires, et elle remettra l'agriculture et l'alimentation au centre de notre société ! » Sans surprise, les visions qui viennent nourrir ces propositions divergent largement, entre – pour donner un exemple – ceux qui parlent d'installer 1 million de paysans d'ici à 2030 pour restaurer la biodiversité *via* des systèmes alimentaires locaux – contre un peu moins de 400 000 chefs d'exploitation au dernier recensement agricole en 2020, soit plus d'un doublement du nombre de fermes ! –, ou ceux qui avancent que la crise agricole est avant tout un problème de manque de compétitivité, que la consolidation de notre agriculture (entendre : l'agrandissement des fermes) et l'affranchissement aux normes environnementales permettraient de résoudre.

Si les solutions avancées semblent parfois s'opposer en tous points, rien d'étonnant, car le fonctionnement de notre système agricole touche à (presque) toutes les dimensions de notre quotidien : des paysages de nos campagnes à la transition énergétique, en passant par la culture gastronomique « à la française », la construction européenne ou encore les équilibres géopolitiques mondiaux. Les désaccords ou contradictions sur les solutions révèlent, quand on les examine de près comme on le fera dans cet ouvrage, une absence de vision partagée quant à la direction que doit prendre le système agricole pris au sens le plus large. En somme, on ne sait plus à quel modèle agricole aspirer.

Une question, en particulier, semble cristalliser les débats et les tensions : pour résoudre tous ces défis, faut-il, et peut-on, produire *plus* ? Si non, quelles sont les alternatives ? Entre, d'un côté, les tenants d'une *intensification durable*, pour qui la France *peut* et *doit* produire plus pour répondre simultanément à tous ces défis, tout en améliorant l'efficacité de sa production par la technologie et, de l'autre, ceux qui plaident pour une transition *agroécologique*, qui posent comme priorité la restauration de la biodiversité dans les agroécosystèmes, comme garantie du maintien de leur productivité à long terme, la rupture semble en effet consommée. Tandis que les premiers reprochent aux agroécologistes leur manque d'ambition, voire leur technophobie, et leur irréalisme économique et politique, les supporters de l'agroécologie dénoncent le technosolutionnisme des premiers et leur cécité quant à la résilience de notre agriculture, tant sur le plan écologique – l'effondrement de la biodiversité va finir par rendre impossible toute production – que socio-économique – le recours à des technologies coûteuses et complexes va finir de « vassaliser » et d'essorer les producteurs, pris en sandwich entre les géants de l'agrofourniture à l'amont et ceux de l'agro-industrie à l'aval.

Pour y voir plus clair dans ce débat, deux points de méthode sont essentiels. D'une part, on ne comprend bien les questions agricoles que lorsqu'on les considère comme partie intégrante du système alimentaire dans son ensemble. D'autre part, on ne peut regarder sereinement ces questions qu'en considérant la France comme puissance agricole *au sein de l'Union européenne* et non de manière isolée.

À l'aune de ces deux partis pris, ce livre invite d'abord le lecteur à découvrir les mécanismes agronomiques et socio-économiques qui sont au cœur du système alimentaire. Quels sont les déterminants des *rendements* agricoles ? Quel rôle jouent les pesticides ? Manger de la viande, est-ce bon ou pas pour l'environnement ? et pour ma santé ? Pourquoi les agriculteurs ne gagnent-ils pas mieux leur vie aujourd'hui ? Pourquoi a-t-on perdu plus de 25 % des fermes au cours des dix dernières années, et même près de 90 % des travailleurs agricoles depuis l'après-guerre ? Est-ce un problème ? Voilà quelques questions auxquelles les premiers chapitres apporteront des éclairages.

Ces préalables seront nécessaires pour bien saisir ce qui distingue l'agroécologie de l'intensification durable, et ce que l'on peut attendre de manière réaliste de l'une et de l'autre. Introduite par la recherche dans les années 1980, la notion d'agroécologie vise à s'appuyer sur les acquis de l'écologie scientifique pour faire évoluer les modes de production agricole. Le terme a ensuite été utilisé pour structurer la politique agricole française de 2012 à 2017. Pour ses soutiens, qui comprennent tant des organisations professionnelles agricoles, comme la Confédération paysanne, que l'ancien rapporteur spécial du droit à l'alimentation, Olivier de Schutter, ou encore la majorité des organisations environnementales françaises, la biodiversité est une composante essentielle des paysages agricoles car elle garantit leur productivité à long terme. À ce titre, les pratiques des agriculteurs doivent évoluer pour lui faire plus de place, par exemple en réduisant l'utilisation des engrais et des pesticides, ou en réintroduisant les haies et les bosquets dans les territoires de culture. L'agroécologie trouve ainsi place dans une logique plus large de *land sharing*, terme emprunté à la langue anglaise, dans laquelle se déroule l'essentiel des débats en la matière. Le terme provient du verbe *to share*, « partager », et renvoie à l'idée que l'espace agricole doit être « partagé » avec la nature. Pour les tenants de cette approche, il serait possible de compenser d'éventuelles baisses de rendements dans les zones les plus productives de la planète (dont la France et l'Europe font partie) en baissant la consommation de produits animaux. En effet, 60 % des céréales et près de 75 % des oléo-protéagineux utilisés en Europe le sont aujourd'hui pour l'alimentation animale, tandis que la consommation quotidienne de produits animaux est, en moyenne, de l'ordre du double des besoins nutritionnels.

Face à cela, les défenseurs de l'intensification durable soutiennent au contraire que la priorité doit aller à la hausse des rendements. On retrouve parmi les promoteurs de cette deuxième approche tant des organisations environnementales, comme le World Resources Institute, que les organisations professionnelles agricoles majoritaires. Ces dernières revendiquent par exemple la « responsabilité morale » de la France dans la fourniture de produits agricoles au reste du monde, compte tenu de son potentiel productif. Dans cette logique, c'est la recherche de gains d'efficience dans l'usage de l'énergie, des fertilisants et des pesticides qui doit, selon l'expression consacrée, permettre de « faire mieux avec moins ». L'intensification durable prend elle aussi place dans une vision plus large de l'usage de l'espace qu'on désigne par l'expression de *land sparing*, du verbe anglais *to spare*, « épargner, sauvegarder ». Le terme renvoie cette fois à l'idée que l'espace agricole doit être réduit le plus possible – en ayant donc des rendements les plus élevés possibles – pour faire de la place à la nature *en dehors* de l'espace agricole.

Sur le plan agricole, tout ou presque oppose donc ces deux conceptions de l'agriculture. Les travaux scientifiques, qu'ils se situent d'un côté ou de l'autre, s'accordent cependant sur l'idée qu'une réduction de la consommation de produits animaux dans les pays occidentaux sera indispensable pour permettre à l'agriculture de jouer pleinement son rôle dans la transition. Ce point est cependant très largement occulté par certains tenants de l'intensification durable et du *land sparing* lorsqu'ils s'expriment dans la sphère médiatique ; ces derniers préfèrent insister sur le caractère *irréconciliable* à leurs yeux de ces deux approches, nourrissant de la sorte la polarisation du débat. Au cours des cinq dernières années, cette polarisation a été par ailleurs exacerbée par la complexification du contexte géopolitique et le retour de la question alimentaire à l'agenda international. Du Covid-19 à la crise inflationniste, en passant par la guerre en Ukraine, les événements ont ramené dans le débat la conviction que produire *plus* était une nécessité absolue, renvoyant les tenants de l'agroécologie et du *land sharing* au statut d'irresponsables en puissance.

L'examen minutieux de ces deux approches permettra d'aller au-delà des anathèmes pour identifier les questions qu'elles soulèvent, leurs atouts et leurs limites. Le livre montre notamment que si chacune de ces deux approches peut faire valoir certains atouts, aucune, dans les conditions actuelles, ne peut se prévaloir de « cocher » toutes les cases. Tandis qu'une logique d'intensification durable a pour elle une forme de réalisme économique à court terme et une potentielle baisse de certains impacts environnementaux, elle ne peut garantir une réelle remise en état des agroécosystèmes ; en n'améliorant pas la résilience de la production, elle fait par ailleurs courir des risques importants face à la multiplication des chocs qui se profilent. À l'inverse, une logique agroécologique pourrait garantir un retour de la biodiversité sous toutes ses formes dans les agroécosystèmes et une santé des sols recouvrée, gage de résilience et de robustesse à moyen et à long terme ; sur le plan économique, les implications d'une généralisation d'un tel modèle à la France, voire à l'Europe, sont cependant immenses. Ils supposeraient des changements importants de notre organisation économique qui, pour souhaitables qu'ils puissent paraître à certains, sont peu susceptibles d'advenir à court terme.

À cette aune, l'ouvrage montre qu'un préalable pour construire le début d'un chemin consiste en la reconnaissance de l'agriculture comme ressource stratégique majeure pour l'Europe. Cette reconnaissance constitue en effet la clé de voûte d'une meilleure prise en charge des enjeux de biodiversité, qui fonde la résilience de long terme de l'agriculture ; et d'un positionnement plus ambitieux de l'Union européenne sur la scène internationale, afin de faire valoir le modèle qu'elle défend auprès de ses partenaires commerciaux ou, à défaut de les convaincre, de protéger son agriculture et ses agriculteurs d'une concurrence internationale de plus en plus acharnée où ils ne jouent pas à armes égales.

*

Avant d'entrer dans le vif du sujet, quelques mots pour préciser le point de vue d'où a été écrit ce livre. Je suis petit-fils d'agriculteur, comme une fraction non négligeable mais tendanciellement à la baisse des Français, ingénieur AgroParisTech et docteur en sociologie politique. Après avoir enseigné cinq ans en école d'agronomie, j'ai rejoint l'Institut du développement durable et des relations internationales (Iddri), où je dirige depuis 2017 le programme « Politiques agricoles et alimentaires ». Les travaux que j'y conduis constituent la matière principale de ce livre. Menés en dialogue avec les acteurs économiques, la recherche et les décideurs publics, ces travaux s'intéressent à trois dimensions de la transition : 1) ses contours *biophysiques*, modélisés à partir de modèles de biomasse pour caractériser les interactions entre le système alimentaire et les grands enjeux environnementaux (climat, biodiversité, ressources en eau et nutrition) ; 2) ses implications *économiques* et *sociales* pour les agriculteurs, les industriels et les consommateurs ; 3) ses leviers *politiques*, tant en termes de *policies* – c'est-à-dire les instruments de politiques publiques nécessaires pour engager la transition – qu'en termes de *politics*

– la dynamique des coalitions et des rapports de force qui permettrait *in fine* l'adoption de tels instruments.

C'est notamment avec l'Iddri qu'a été développé le scénario TYFA, pour « Ten Years For Agroecology », adossé à une logique agroécologique et de *land sharing*. Développer ce scénario, d'abord sous un angle agroenvironnemental, puis socio-économique, puis politique, et le mettre en discussion à travers l'Europe auprès d'une grande variété d'acteurs, a permis de mettre au jour les défis socio-économiques et politiques que posait son déploiement. Ce sont ces discussions qui ont finalement conduit à réexaminer à nouveaux frais les tenants et aboutissants de l'intensification durable et du *land sparing*. Ce livre cherche à identifier les complémentarités entre les deux approches pour trouver des points d'atterrissage politique dans le débat.

CHAPITRE 1

Produire moins ? Jamais !

ou la contestation du Pacte vert

Mai 2020. Fin du premier confinement imposé par l'épidémie de Covid-19. Alors que les inquiétudes sur les possibles pénuries alimentaires viennent tout juste de s'estomper, la Commission européenne publie simultanément deux communications proposant une vision à 2030 pour l'agriculture et l'alimentation. Ces deux stratégies s'inscrivent dans le cadre plus large du Pacte vert, qui doit faire de l'Europe « le premier continent climatiquement neutre d'ici à 2050, tout en stimulant l'économie, en améliorant la santé et la qualité de vie des citoyens, en préservant la nature et en ne laissant personne de côté[1]. »

La première stratégie, « De la ferme à la table » (nommée aussi F2F en référence à son nom anglais, Farm to Fork), propose rien de moins qu'une feuille de route pour transformer

1. CE (2020a), *Une stratégie « De la ferme à la table ». Pour un système alimentaire équitable, sain et respectueux de l'environnement*, Bruxelles, Commission européenne.

de fond en comble le système alimentaire européen, afin d'« améliorer les modes de vie, la santé et l'environnement [et de] garantir des moyens de subsistance durables aux [agriculteurs] ». La deuxième, la stratégie « Biodiversité », de portée plus large, comprend un ensemble de sous-objectifs spécifiquement dédiés à « ramener la nature sur les terres agricoles ». Reconnaissant que « les agriculteurs jouent un rôle essentiel dans la préservation de la biodiversité, […] qu'ils sont parmi les premiers à ressentir les conséquences de son appauvrissement, mais aussi […] à ressentir les bénéfices de sa restauration, [la stratégie "Biodiversité" vise à] soutenir et encourager la transition vers des pratiques complètement durables […], notamment par la promotion de programmes écologiques et de régimes de paiements fondés sur les résultats[2] ».

Avec ces deux stratégies, le *deal* que veut sceller la Commission européenne semble clair : d'un côté, elle demande aux agriculteurs de s'engager à faire évoluer leurs pratiques pour « réduire la dépendance aux pesticides et aux antimicrobiens, réduire l'emploi abusif d'engrais, développer l'agriculture biologique, améliorer le bien-être des animaux et inverser la régression de la biodiversité » ; de l'autre, elle leur promet une « amélioration de [leurs] revenus et un renforcement de la compétitivité de l'Union ».

Pour réussir ce *deal*, la Commission voit grand : les plans d'action des deux stratégies fixent comme objectif de réviser ou d'introduire plus de 30 textes. Parmi eux, 20 sont des « communications de la Commission auprès du Parlement et du Conseil » (plus simplement désignées sous le terme de

2. CE (2020b), *Stratégie de l'UE en faveur de la biodiversité à l'horizon 2030. Ramener la nature dans nos vies*, Bruxelles, Commission européenne – COM/2020/380.

communication dans ce qui suit), textes non contraignants pour cadrer le débat et présenter un programme de travail ; 14 sont des règlements ou des directives, avec une portée juridique et contraignante. Au rang des textes phares sur lesquels propose de travailler l'exécutif bruxellois, on retrouve notamment la loi sur la restauration de la nature ; la réglementation sur l'usage durable des pesticides ; ou encore le développement de schémas de paiements pour le stockage de carbone dans les sols agricoles *via* ce qu'on appelle le « *carbon farming* ».

Cinq ans et de nombreux événements après – Covid, guerre en Ukraine, manifestations agricoles dans toute l'Europe –, que reste-t-il de ces deux stratégies et de leurs ambitions ? À vrai dire, pas grand-chose, car de *deal*, il n'y a pas eu[3]. Dans leur immense majorité, les changements législatifs envisagés pour atteindre les objectifs énoncés n'ont pas abouti. Les discussions au Parlement européen comme au Conseil de l'agriculture (qui réunit les ministres en charge de l'Agriculture des différents États membres) ont souvent tourné à la guerre de tranchées ; l'agriculture émerge même comme un nouveau marqueur politique fort du clivage droite/gauche.

Le projet de réglementation sur l'usage durable des pesticides illustre bien cela : ce dernier n'a même pas passé le cap de la première lecture au Parlement européen, où il a été rejeté en octobre 2023. Échec cuisant pour la Commission, qui est sortie désavouée de cet épisode ; échec aussi pour les institutions européennes, car le rejet d'un texte en première lecture au Parlement est un fait rarissime depuis l'adoption du traité de Lisbonne. Quant à la réglementation sur la restauration de

3. On pourra se reporter pour une analyse détaillée à Aubert, P.-M. (2024), « "De la ferme à la table" : raisons de l'échec et comment rebondir », *L'Économie politique*, 101, p. 73-82.

la nature, qui avait failli subir le même sort en juillet 2023, son sort semblait scellé à l'automne 2023 : la Commission, le Parlement et le Conseil étaient finalement parvenus à un accord, sur la base d'un texte très largement amoindri. Ne restait plus au Parlement et au Conseil qu'à voter le texte dans sa forme définitive, ce qui n'est habituellement qu'une formalité. Las ! En avril 2024, il n'y avait plus de majorité au Conseil pour valider le texte, les Hongrois et les Finlandais ayant changé de position. On pourrait égrener à l'envi la liste des échecs ou des frictions sur nombre de ces textes – même si certains, demandés par le monde agricole, ont pu avancer, comme celui sur le *carbon farming* ou sur l'adoption des nouvelles techniques de sélection génomique.

Certaines parties prenantes prennent acte de ces échecs avec une certaine satisfaction, arguant que la stratégie « De la ferme à la table » est avant tout un projet « purement idéologique » – pour reprendre les termes de Christiane Lambert, ancienne présidente de la FNSEA (2017-2023) et du Comité des organisations professionnelles agricoles européennes (COPA, 2020-2024). D'autres, au contraire, le déplorent : des parlementaires écologistes, certains centristes et rares élus de la droite, ou encore la coordination européenne Via Campesina. Ces soutiens de la F2F estiment en effet qu'en l'absence d'avancées législatives, le risque est que le *statu quo* l'emporte, laissant la dégradation de l'environnement, de la santé des consommateurs et de la situation des petits agriculteurs se poursuivre.

Le niveau de polarisation du débat public en matière agricole et alimentaire a atteint des sommets, sans que l'on sache bien comment sortir de cette ornière. Comment en est-on arrivé là ? Que peut-on faire pour (re)mettre notre système alimentaire sur les rails d'une transition ? Ce premier chapitre revient sur les événements qui ont conduit à la situation actuelle et pointe les principaux nœuds du problème.

Des orientations environnementales assumées, mais contestées...

Sous l'impulsion de son vice-président Frans Timmermans, la Commission européenne a souhaité mettre au cœur des stratégies « De la ferme à la table » et « Biodiversité » quatre objectifs environnementaux[4], en complète adéquation avec les principaux consensus scientifiques[5].

Le premier de ces objectifs vise « le passage à un régime alimentaire plus végétal, avec moins de viandes rouges [viandes de ruminant et viande de porc] et transformées et plus de fruits et légumes, [qui] réduira non seulement les risques de maladies potentiellement mortelles, mais aussi l'incidence environnementale du système alimentaire ».

---

4. En toute rigueur, trois autres aspects sont aussi considérés mais ont un rôle bien moins structurant dans l'économie d'ensemble de la stratégie : les transformations de l'industrie vers des modèles d'économie circulaire (réduction des emballages, recyclage des matières premières), la mise en place d'un mécanisme européen de réponse aux crises, et la réduction de la fraude au sein des filières.

5. Sans être exhaustif, on peut citer notamment (dans les scénarios parus *avant* la publication de la F2F) : Springmann, M., *et al.* (2018), « Options for keeping the food system within environmental limits », *Nature*, 562 (7728), p. 519-525 ; Poux, X., Aubert, P.-M. (2018), *Une Europe agroécologique en 2050 : une agriculture multifonctionnelle pour une alimentation saine*, Iddri ; Searchinger, T. D., *et al.* (2019), *Creating a Sustainable Food Future. A Menu of Solutions to Feed Nearly 10 Billion People by 2050*, Washington, WRI, The World Bank, UNEP et UNDP ; Mora, O., *et al.* (2020), « Exploring the future of land use and food security : A new set of global scenarios », *PLoS One*, 15 (7).

Et, en effet, les travaux sur les systèmes alimentaires durables mettent en avant le besoin de rééquilibrage des régimes alimentaires européens de la sorte : +50 à +100 % de fruits et légumes, afin d'atteindre 400 à 500 grammes par jour et par personne (contre moins de 300 grammes aujourd'hui) ; + 100 à + 400 % de légumes secs et protéagineux (pois chiches, lentilles, soja), afin de retrouver une consommation significative après des années de baisse (pour atteindre actuellement 5 à 6 grammes par jour et par personne) ; et – 20 à – 60 % de produits animaux (lait et viande principalement).

Deuxième objectif consensuel, la réduction des pertes et gaspillages tout au long des filières agroalimentaires. Le texte indique à cet égard : « La Commission s'est engagée à réduire de moitié le gaspillage alimentaire par habitant aux niveaux du commerce de détail et du consommateur d'ici à 2030. [...] Elle proposera des objectifs juridiquement contraignants pour réduire le gaspillage alimentaire dans l'ensemble de l'UE. » Là encore, les différentes études indiquent bien qu'une réduction de 50 % des pertes et gaspillages est nécessaire, mais qu'elle sera probablement insuffisante, et que c'est à une réduction de 75 % qu'il faudrait s'atteler.

Troisième objectif, le développement du stockage de carbone dans les sols agricoles, présenté comme un « exemple de nouveau modèle d'entreprise vert [qui] devra être récompensé ». Cet objectif fait écho à la nécessité de maintenir la santé des sols agricoles *via* notamment l'augmentation de leur teneur en carbone/matière organique – et la lutte contre leur érosion – permettant au passage de stocker du carbone et donc de contribuer à la lutte contre le changement climatique.

Enfin, les deux stratégies proposent de réduire la dépendance aux engrais et pesticides de synthèse, fixant pour cela des cibles quantifiées : réduction de 20 % de l'usage des fertilisants azotés, de 50 % l'usage des pesticides et autant pour les antibiotiques et antimicrobiens ; développement de l'agriculture biologique à hauteur de 25 % des surfaces agricoles européennes ; ou encore développement des zones à haut niveau de biodiversité à hauteur de 10 % de la surface agricole.

C'est sur ce dernier ensemble d'objectifs que la contestation de la stratégie « De la ferme à la table » va se cristalliser. En effet, si l'objectif de réduire les impacts liés à l'usage des engrais et des pesticides de synthèse fait bien consensus dans la littérature scientifique, la *manière* d'y parvenir, elle, fait largement débat. Schématiquement, la discussion oppose d'un côté les tenants d'une logique d'efficience et de gestion des risques, pour lesquels l'enjeu est d'abord d'améliorer l'usage des produits actuels, en les épandant au bon moment, avec la bonne dose, au bon endroit. Dans cette perspective, c'est moins des cibles sur les quantités que l'on doit fixer que des objectifs sur les impacts finaux. C'est l'idée d'intensification durable évoquée en introduction[6].

En miroir, une autre approche se donne pour objectif de reconquérir la biodiversité dans les paysages agricoles, vu comme un facteur de résilience indispensable à long terme, en allant au-delà d'une seule logique d'efficience – certes indispensable, mais insuffisante – pour atteindre des réductions d'intrants en valeur absolue. On retrouve là le projet de l'agroécologie présentée dans l'introduction. C'est bien cette

6. Un texte de référence dans cette perspective : Balmford, A., *et al.* (2018), « The environmental costs and benefits of high-yield farming », *Nature Sustainability*, 1 (9), p. 477-485. La question de la biodiversité n'y est pratiquement pas abordée, donc implicitement pas considérée comme un coût ou un bénéfice environnemental.

opposition entre deux perspectives – agroécologie et intensification durable – qui constitue l'un des points d'achoppement des discussions autour de la stratégie « De la ferme à la table », et qui est également au cœur de cet ouvrage. En effet, par les objectifs qu'elle fixe, la F2F a une coloration très agroécologique, qui va déterminer en grande partie son devenir politique.

Dans les mois qui précèdent la sortie de la F2F, la négociation des objectifs sur la réduction des intrants et la végétalisation de l'alimentation se fait pied à pied entre les différentes parties prenantes et la Commission, de même qu'au sein de la Commission européenne, entre les différentes directions générales. À sa publication, la stratégie est largement saluée par la société civile et les acteurs environnementaux, de même que certaines organisations professionnelles agricoles minoritaires, telle la Confédération paysanne en France. Elle est par contre férocement remise en cause par les acteurs agricoles et agroalimentaires dominants, majoritairement acquis à une logique de *land sparing* – mais surtout à la trajectoire d'intensification agricole qui la sous-tend ! Pour ces acteurs, les choses sont claires : être rémunérés pour stocker du carbone dans les sols agricoles, réduire les pertes et gaspillages, oui ; baisser la consommation de produits animaux ou l'usage des intrants, pas question. Car de telles baisses conduiraient à leurs yeux à une réduction de la production, entraînant ensuite, pêle-mêle, un risque pour la sécurité alimentaire des Européens et du monde, une perte de revenu pour les agriculteurs et les industriels, doublée d'une perte de compétitivité et donc d'emplois. Les nombreuses études publiées dans l'année qui suit la publication de la F2F, par la qualité de leurs auteurs (le secrétariat d'État à l'Agriculture américain[7], des chercheurs de la prestigieuse université de Wageningen aux Pays-Bas[8], ou encore le centre d'étude commun de la Commission européenne[9]) les confortent dans leur analyse.

La Commission, notamment par la voix de son vice-président Frans Timmermans, tient bon sur ses objectifs, et cherche à rassurer. Elle avance deux contre-arguments : si l'on considère les progrès techniques à venir grâce aux investissements permis par la F2F, la baisse de production sera moins forte que ce que disent les études, qui raisonnent à technologie constante. Et si l'on tient compte des politiques visant à faire changer les pratiques alimentaires, la baisse de production pourrait être plus que compensée par l'évolution de la demande, et la contribution de l'Europe aux équilibres alimentaires mondiaux pourrait même être améliorée[10].

Mais rien n'y fait. L'argument sur les changements de pratiques alimentaires se retourne même rapidement contre les soutiens de la stratégie « De la ferme à la table » sur la base de raisonnements du type : « Vous êtes de dangereux dictateurs : il n'est pas acceptable que, dans une démocratie, quelque autorité politique que ce soit prescrive ce que doivent manger

7. Beckman, J., *et al.* (2020), *Economic and Food Security Impacts of Agricultural Input Reduction Under the European Union Green Deal's Farm to Fork and Biodiversity Strategies*, Washington, Department of Agriculture, Economic Research Service.
8. Bremmer, J., *et al.* (2021), *Impact Assessment of EC 2030 Green Deal Targets for Sustainable Crop Production*, Wageningen, Wageningen Economic Research.
9. Barreiro Hurle, J., *et al.* (2021), *Modelling Environmental and Climate Ambition in the Agricultural Sector with the CAPRI Model*, Luxembourg, Publications Office of the European Union.
10. C'est ce que nous avons notamment démontré dans Schiavo, M., *et al.* (2023), « The land use, trade, and global food security impacts of an agroecological transition in the EU », *Frontiers in Sustainable Food Systems*, 7.

nos concitoyens ! Sans parler de l'injure faite aux éleveurs, ni du fait que les baisses de production vont augmenter le prix de l'alimentation, et exposer encore plus les ménages les plus précaires ».

Au fil du temps, la fronde persiste et s'amplifie, aggravée par les événements qui s'enchaînent après le Covid-19 : invasion de l'Ukraine par la Russie, crise inflationniste… En septembre 2023, la présidente de la Commission européenne, Ursula von der Leyen, renonce à intégrer dans le programme de travail de la Commission pour 2024 certains textes pourtant jugés emblématiques de la F2F, tels que le projet de cadre législatif sur les systèmes alimentaires durables, ou le projet de révision sur les règles de bien-être animal. Les manifestations d'agriculteurs de l'hiver 2023-2024 et la perspective des élections parlementaires, en juin 2024, achèveront la F2F ; sans que cela soit jamais explicité, celle-ci se retrouve *in fine* mise de côté, au profit du lancement, par Ursula von der Leyen, d'un grand « dialogue stratégique » sur l'agriculture, en février 2024.

… car difficiles à faire rimer avec profitabilité pour le secteur agricole

Si les objectifs de la stratégie « De la ferme à la table » concernant la végétalisation des régimes alimentaires et la réduction des engrais et pesticides sont dans le viseur de la profession agricole, c'est parce que peu d'agriculteurs et d'industriels ont vu (ou voulu voir) comment cela pourrait conduire à autre chose qu'à leur disparition programmée. L'argument avancé à cet égard est simple : ces objectifs nous entraînent dans une spirale décroissante dont on ne pourra pas sortir. Quels sont les mécanismes mis en avant ?

D'un côté, l'objectif de végétalisation de l'alimentation est dénoncé au motif des anticipations négatives qu'il va générer, décourageant tant l'installation de nouveaux éleveurs que l'investissement dans les outils de transformation. Or le secteur est l'un de ceux dans lesquels le taux de remplacement des agriculteurs partant à la retraite est le plus bas, et où les besoins en investissements dans l'industrie sont les plus forts. C'est donc un cercle vicieux que craignent les acteurs agricoles : faute d'éleveurs, la production baisse ; baisse qui entraîne une hausse des coûts de production dans l'abattage-découpe, car les usines ne tournent plus au maximum de leur capacité ; elles en deviennent moins compétitives sur un marché fondamentalement ouvert, les obligeant à payer moins cher la matière première pour rester sur le marché, ce qui dégraderait encore le revenu agricole et contribuerait à décourager encore plus les vocations, etc.

Le raisonnement est très similaire concernant les engrais et produits phytosanitaires : accepter d'en réduire les usages ne peut conduire qu'à une baisse des rendements, impossible à compenser par une hausse des prix payés aux producteurs, puisque ceux-ci sont déterminés sur les marchés internationaux où d'autres producteurs pourront continuer à fournir à prix constant. Conséquences : une baisse de recettes pour l'agriculteur et une hausse des coûts de production pour les industriels, puisque leurs outils ne pourraient plus tourner à plein régime.

Dans ces deux raisonnements, la concurrence internationale joue un rôle clé. Elle est le principal facteur qui fait qu'une baisse des volumes se traduit quasi mécaniquement en perte sèche pour l'agriculteur et l'industriel. Cette difficulté avait bien été identifiée par la Commission européenne, selon laquelle : « La politique commerciale de l'UE devrait contribuer à renforcer la coopération avec les pays tiers et à obtenir des engagements ambitieux de leur part dans des domaines clés tels que le bien-être des animaux, l'utilisation des pesticides et la lutte contre la résistance aux antimicrobiens. L'UE s'efforcera de promouvoir les normes internationales dans les instances compétentes et encouragera la production de produits agroalimentaires respectant des normes élevées en matière de sécurité et de durabilité. »

Un tel positionnement s'inscrit dans la droite ligne de la logique européenne en matière commerciale, qui souhaite de longue date être une « puissance normative ». Dans un contexte où les discussions multilatérales en matière de commerce, et particulièrement de commerce agricole, sont à l'arrêt depuis plus de quinze ans, la Commission espère introduire ces nouvelles ambitions dans les accords bilatéraux qu'elle multiplie. Or, dans le même temps où sont écrites ces lignes, la négociation ou la signature imminente d'accords bilatéraux semble faire peu de cas de l'ambition affichée dans le texte de la stratégie « De la ferme à la table ». Ainsi des accords avec la Nouvelle-Zélande, avec le Mercosur, avec le Chili, qui suscitent en France une forte opposition de la part du monde agricole… Il faut dire que la pression des industriels ou des géants du tertiaire, qui ont besoin d'accéder à de nouveaux marchés pour poursuivre leur croissance (Mercosur, Nouvelle-Zélande), ou encore la nécessité d'accéder à des ressources jugées essentielles (Chili) poussent la Direction générale du commerce (qui négocie au nom de la Commission européenne) à faire des concessions sur le volet agricole.

Celui-ci ne représente souvent qu'une part faible des montants en jeu dans les accords (exception faite de l'accord avec la Nouvelle-Zélande).

Ce faisant, le cap fixé par la Commission perd en lisibilité : si la F2F donne l'ambition de la transition, mais que dans le même temps les accords de libre-échange signés en altèrent la faisabilité, comment faire ? Ces aspects commerciaux sont évidemment centraux et mériteront que l'on y revienne. Pour l'heure, il nous suffit de souligner que la dimension internationale est un élément clé de la faisabilité de la transition ; à cet égard, les dynamiques qui ont suivi la publication de la F2F ont largement contribué à son désaveu.

Un contexte international défavorable

Au niveau international, la vision esquissée dans la F2F, et plus encore l'intention affichée de l'étendre au reste du monde *via* des accords commerciaux ambitieux, a été accueillie avec un scepticisme certain. Moins de six mois après sa publication, le secrétariat d'État américain à l'Agriculture publiait une étude très critique[11]. Soulignant le statut de premier importateur mondial de l'Union européenne, le rapport estime que si l'UE conditionnait l'accès à son marché intérieur au respect des objectifs qu'elle s'est elle-même fixés, cela aurait des impacts forts sur toute la production mondiale. On peut ainsi lire le rapport comme une contestation en règle, de l'ambition

11. Beckman, J., *et al.* (2020), *Economic and Food Security Impacts of Agricultural Input Reduction Under the European Union Green Deal's Farm to Fork and Biodiversity Strategies*, Washington, Department of Agriculture, Economic Research Service.

prescriptive affichée par l'UE en matière de transformation des systèmes alimentaires. Emboîtant le pas aux États-Unis, nombre de pays du Sud ont également réagi de manière très critique à la F2F, lui reprochant une forme de protectionnisme déguisée et une vision étriquée de la transition. Selon eux, la Commission n'a pas pris en compte le besoin de nombreuses régions du monde d'accroître leur production face aux problèmes d'insécurité alimentaire. Celle-ci s'en tient en effet à des objectifs certes louables, mais sans lien avec la production : « L'UE aidera les petits exploitants agricoles [des pays partenaires] à se conformer à ces [nouvelles] normes et à accéder aux marchés [européens], […] [et] améliorer[a] l'alimentation et atténuer[a] l'insécurité alimentaire en renforçant la résilience des systèmes alimentaires et en réduisant le gaspillage alimentaire[12]. »

Dans la droite ligne de cette remise en cause, les États-Unis lancent en 2021 une nouvelle alliance mondiale qui a pour nom « Coalition pour la croissance durable de la productivité agricole pour la sécurité alimentaire et la conservation des ressources ». Celle-ci est rapidement rejointe par plusieurs dizaines de pays, d'entreprises et d'organisations non gouvernementales. Elle affiche un parti pris clair en faveur d'une logique d'intensification durable, comme l'indique son manifeste : « L'agriculture doit faire face au défi incroyable de produire plus de nourriture pour répondre aux besoins d'une population croissante, tout en s'adaptant au changement climatique et à la raréfaction des ressources. […] L'accélération des gains de productivité est l'un des uniques moyens – si ce

12. CE (2020a), *Une stratégie « De la ferme à la table ». Pour un système alimentaire équitable, sain et respectueux de l'environnement*, Bruxelles, Commission européenne.

n'est l'unique moyen – de résoudre ce problème d'optimisation multiobjectif[13]. »

Bien écrit, largement sourcé scientifiquement par tout ce que la littérature compte de publications prestigieuses en matière d'intensification durable, ce manifeste écorne la lisibilité de la F2F et marginalise la Commission européenne sur la scène internationale.

La hausse des cours des matières premières alimentaires qui résulte de l'invasion de l'Ukraine par les forces russes en février 2022 a un effet similaire. Quand le cours du blé tendre cote à 438 euros la tonne fin mars 2022, près de deux fois son cours de la fin 2021, le spectre d'une envolée des prix conduisant à une crise d'ampleur similaire à celles de 2007-2008 et de 2010-2011 s'installe. Dans ce contexte, l'idée que l'Europe puisse produire moins du fait de ses ambitions environnementales est vigoureusement dénoncée. La séquence va porter un coup dur – et bientôt fatal – à la philosophie d'ensemble de la F2F. En campagne pour sa réélection, Emmanuel Macron annonce ainsi fin mars 2022 que « cette stratégie a été élaborée dans un monde qui n'est plus celui dans lequel nous vivons. Nous devons produire plus et assurer notre souveraineté alimentaire ».

À rebours de cette citation, ce que la crise illustre surtout, c'est l'extrême dépendance du système alimentaire européen au reste du monde… Au moment de la crise ukrainienne, le problème majeur de la plupart des agriculteurs européens est ainsi de se fournir en engrais azotés – dont plus de 20 % étaient jusque-là importés de Russie ou de Biélorussie, ou fabriqués

13. USDA (2021), *Coalition on Sustainable Productivity Growth for Food Security and Resource Conservation Background and Proposal*, Washington.

avec du gaz Russe ; et en aliments pour animaux, dont une part importante, notamment pour l'Espagne, l'Italie ou les Pays-Bas, provenait d'Ukraine, dont les ports se retrouvent bloqués. Invoquer la « souveraineté alimentaire » comme argument massue pour s'affranchir des « contraintes » environnementales sans même mentionner ces dépendances n'est pas le moindre des paradoxes de cette période.

Quoi qu'il en soit, la F2F perd dans ce processus ce qu'il lui restait de légitimité politique, jusqu'à ce que les manifestations agricoles de l'hiver 2023-2024 l'enterrent complètement. Par quoi est-elle remplacée ? Nul ne le sait encore. Et c'est bien là tout l'enjeu de cet ouvrage que d'apporter un éclairage nouveau sur la question. Car, au fond, la question reste entière : si le cap environnemental fixé par les stratégies « De la ferme à la table » et « Biodiversité » est cohérent avec l'état de la recherche, mais si les conditions économiques comme géopolitiques rendent ce cap impossible à suivre, que faire, et surtout comment ? Pour pouvoir répondre à la question, encore faut-il se donner une compréhension partagée des mécanismes qui gouvernent les équilibres tant physiques qu'économiques de notre système alimentaire. C'est l'objet des deux chapitres qui suivent.

CHAPITRE 2

Produire plus

Aux origines de la modernisation agricole

Revenons sur les quatre principaux objectifs environnementaux au cœur du Pacte vert, tous alignés avec les résultats de la recherche scientifique : 1) rééquilibrer les régimes alimentaires vers plus de fruits et légumes et moins de produits animaux ; 2) réduire les pertes et gaspillages de 50 à 75 % ; 3) améliorer la santé des sols agricoles en augmentant leur teneur en carbone ; et enfin 4) réduire la dépendance aux engrais et pesticides de synthèse par la rediversification des systèmes agricoles. Pour comprendre la robustesse de ces objectifs comme les points qui font débat, le présent chapitre propose d'exposer brièvement quelques principes agronomiques de base.

Tout vient des plantes

Commençons par le commencement : les plantes, sur lesquelles repose l'ensemble du système alimentaire. Grâce à la photosynthèse, les plantes sont en effet les seuls organismes sur terre à pouvoir transformer l'énergie lumineuse en sucres, puis en protéines. Elles prélèvent pour cela dans leur environnement les autres éléments dont elles ont besoin : du carbone sous forme de CO_2 atmosphérique, de l'eau, et les éléments nutritifs indispensables à la synthèse des molécules plus complexes – azote, phosphore et potasse (on parle des nutriments). À travers ce processus, elles produisent ce qui est à la base du fonctionnement du système alimentaire : la « biomasse » végétale – le terme « biomasse » désignant toute matière qui compose les organismes vivants ou qui en est issue, végétale ou animale.

En schématisant à l'extrême, on pourrait dire que les plantes font 95 % du travail en produisant cette biomasse végétale. Les 5 % du travail restant consistent à l'allouer en fonction des besoins de la société et des écosystèmes. Vu sous cet angle-là, le fonctionnement du système agricole s'apparente à un problème de gestion de l'équilibre entre offre et demande de biomasse. D'un côté, l'offre est déterminée par la production agricole, qui résulte d'une surface multipliée par un rendement ; la surface allouée à l'agriculture est répartie entre cultures, vergers ou pâturages ; et chaque type d'usage est caractérisé par un rendement moyen, c'est-à-dire une quantité produite par hectare. Ainsi du blé, qui atteint dans les meilleures régions céréalières de France 90, voire 100 quintaux par hectare ; ou des prairies, qui peuvent produire jusqu'à 8 tonnes d'herbe chaque année (exprimé en matière sèche).

De l'autre, cinq types de demandes peuvent être distinguées : 1) l'alimentation humaine, dont on verra qu'elle représente une part faible du total ; 2) l'alimentation animale, c'est-à-dire les végétaux qu'on donne aux animaux ; 3) le retour aux écosystèmes, pour nourrir l'ensemble des organismes du sol indispensables à son bon fonctionnement et au stockage de carbone dans les sols (vers de terre, bactéries, microbes, qui aident à la fourniture de nutriments aux plantes) ; 4) les matériaux biosourcés, comme le chanvre pour l'isolation, le lin pour le textile, mais aussi l'amidon (issu du maïs et des pommes de terre) en remplacement du plastique issu de l'industrie du pétrole ; et enfin 5) la production d'énergie, à travers les agrocarburants ou le biogaz (et avant cela la traction animale[1]). La figure 1 propose une représentation schématique de la structure du système alimentaire autour de la biomasse et de ses cinq types d'usages. Un composant essentiel au fonctionnement de l'ensemble apparaît par ailleurs sur la figure : l'azote. On le retrouve sous forme d'engrais de synthèse importés dans le système alimentaire ; fixé « symbiotiquement » dans le compartiment de la production végétale ; et circulant sous forme d'alimentation animale puis de fumier-déjections, et éventuellement perdu. Nous y reviendrons amplement !

1. L'agriculture n'est pas la seule source de biomasse mobilisable pour satisfaire aux besoins des sociétés ; les forêts ont également été exploitées de longue date et le sont toujours. Le bois représente pour la France environ un quart de la biomasse disponible (70 à 80 millions de tonnes de matière sèche chaque année sur les 300 millions mobilisés).

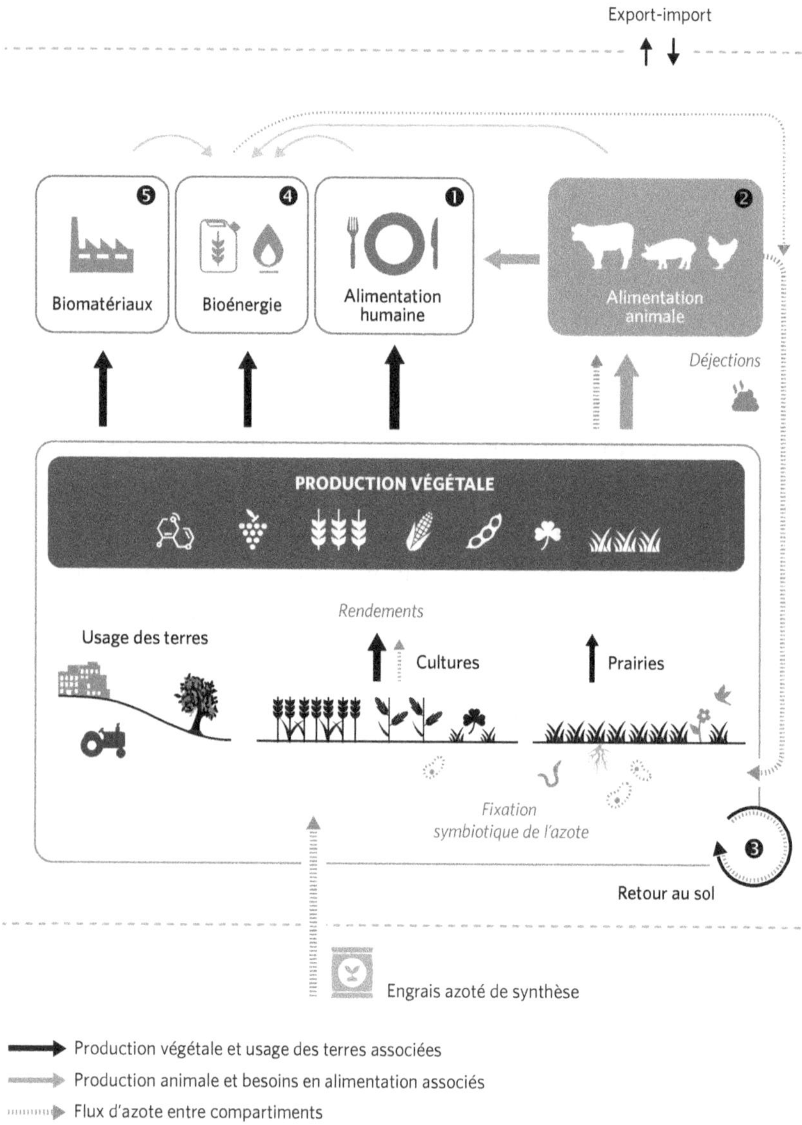

Figure 1. La production de biomasse végétale, soubassement du système alimentaire
Source : auteur, d'après Poux & Aubert, 2018[2].

2. Poux, X., Aubert, P.-M. (2018), *Une Europe agroécologique en 2050 : une agriculture multifonctionnelle pour une alimentation saine*, Iddri.

Des demandes qui croissent et se diversifient

Au cours du XXe siècle, l'équilibre entre offre et demande en biomasse s'est profondément transformé, sous l'effet de plusieurs facteurs que ce chapitre va examiner plus en détail. La figure 2 permet de fixer quelques ordres de grandeur dans le cas de la France, bien qu'elle ne représente que la biomasse utilisée directement par l'homme et exclue donc la partie non consommée qui retourne aux écosystèmes.

Elle montre d'abord que sur un peu plus d'un siècle, la quantité totale de biomasse mobilisée a plus que doublé. Ce miracle est bien sûr le produit de la recherche et de politiques agricoles sur lesquelles nous reviendrons ; mais il est aussi beaucoup le résultat d'un transfert massif d'énergie fossile vers le secteur agricole, sous forme d'engrais minéraux (pour faire pousser les plantes) et de carburants pour les tracteurs (pour semer et récolter les plantes plus rapidement). La figure montre ensuite qu'au cours du temps, l'alimentation animale représente le poste principal des usages, oscillant entre 57 % des usages en 1900 et 62 % en 2013, en passant par un pic à 75 % dans les années 1960. Derrière cette proportion relativement stable se cache cependant un accroissement en valeur absolue de la biomasse dédiée à l'alimentation animale. Cet accroissement s'est fait principalement sous forme de grains (céréales et oléagineux), là où, jusqu'aux années 1950, les animaux étaient principalement nourris à l'herbe et en recyclant les déchets alimentaires. Par ailleurs, une part significative de la biomasse est utilisée à l'étranger pour nourrir les animaux.

En intégrant les exportations dans la catégorie « alimentation humaine », le graphique surestime ainsi la part de la biomasse directement consommée par les humains.

On peut enfin noter que jusqu'à la Seconde Guerre mondiale, la très faible pénétration des tracteurs et plus généralement des énergies fossiles dans les campagnes fait que plus de 20 % de la biomasse est allouée aux animaux de traits pour le travail des champs. Usage qui disparaîtra totalement au tournant des années 1960, avec la généralisation des tracteurs. Au tournant des années 2000 apparaissent les biocarburants (biodiesel et bioessence), puis, après 2010, le biogaz. Ces nouveaux débouchés énergétiques à la biomasse représentent, en valeur absolue, l'équivalent de ce qui était donné aux animaux de traits avant 1950 – soit environ 250 pétajoules.

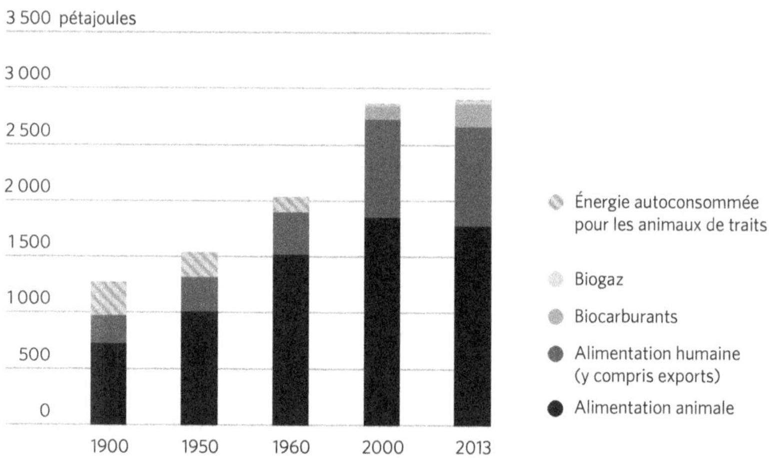

Figure 2. Usage de la biomasse agricole en France, de 1900 à 2013, en pétajoules.
Source : auteurs, d'après FAOStat & Hachraoui, 2018[3].

3. Harchaoui, S., Chatzimpiros, P. (2018), « Can agriculture balance its energy consumption and continue to produce food ? A framework for assessing energy neutrality applied to French agriculture », *Sustainability*, 10 (12), 4624.

Voyons maintenant comment ces usages ont évolué et comment ils s'articulent dans la période contemporaine.

Que mettre dans nos assiettes ?

Notre alimentation se compose de produits végétaux (fruits et légumes, céréales, huiles ou légumes secs) et de produits animaux (lait, viande, œufs, poissons, fruits de mer). Si l'on enlève la pêche en pleine mer, les produits animaux sont dans leur immense majorité obtenus grâce à la consommation, par le bétail, de biomasse dédiée (fourrages et concentrés). Sans entrer dans des considérations nutritionnelles poussées, retenons qu'une vie en bonne santé suppose de pouvoir disposer, chaque jour, en fonction de son âge, de son sexe et de son niveau d'activité physique, d'entre 2 000 et 2 500 kilocalories, composée d'au plus 60 % de glucides (céréales : pain, pâtes, riz, semoule… complémentés de produits sucrés), de 20 à 35 % des lipides (huiles végétales et autres graisses animales), et le reste (soit 10 à 15 %) de protéines – de manière équilibrée entre protéines d'origines animales (viande, lait, œufs) et d'origines végétales (contenues dans les céréales et les légumes secs)[4]. Les apports en fibres, issus des fruits et légumes, des céréales complètes et des légumes secs (pois chiches, lentilles, fèves…), sont par ailleurs essentiels et doivent idéalement atteindre 100 grammes par jour. Cela représente une consommation de 50 à 100 grammes de légumes secs par jour et de 400 à 500 grammes de fruits et légumes par jour. Le rôle des fruits et légumes ne s'arrête enfin

4. Sur ce sujet épineux, on se référera notamment à Vieux, F., *et al.* (2022), « Approximately half of total protein intake by adults must be animal-based to meet nonprotein, nutrient-based recommendations, with variations due to age and sex », *The Journal of Nutrition*, 152 (11), p. 2514-2525.

pas aux fibres, puisqu'ils contribuent à couvrir une part importante de nos besoins en vitamines et autres micronutriments.

Et les animaux ?

Les animaux d'élevage se répartissent entre ruminants et monogastriques. Les premiers (vaches, chèvres, moutons) sont dotés d'un système digestif complexe leur permettant de consommer des fourrages impropres à la consommation humaine (herbe, feuillage, voir produits ligneux). Les seconds (porcs et poulets) possèdent un appareil digestif très semblable au nôtre et consomment ainsi des produits comparables (grains, déchets alimentaires humains…). À chaque animal son régime alimentaire, en fonction de son âge, de sa génétique ou de son orientation productive (une vache laitière n'a pas les mêmes besoins qu'une vache à viande par exemple). Retenons qu'une bonne ration pour animaux est à peu près équilibrée entre apports énergétiques et apports protéiques. En outre, les ruminants peuvent exploiter des ressources fourragères et des espaces sans être en compétition avec l'alimentation humaine, tandis que les monogastriques se satisfont aisément de nos déchets alimentaires et autres coproduits de l'industrie.

Enfin, si les animaux fournissent lait, œufs et viande aux sociétés humaines qui les élèvent, ils ne restituent par ce biais qu'une fraction faible de l'énergie qu'ils ingèrent : entre 16 et 17 % pour les vaches laitières, ou un peu plus de 20 % pour les poulets par exemple[5]. Une part importante de ce qui est ingéré

5. Les données sont présentées dans : Harchaoui, S., Chatzimpiros, P. (2017), « Reconstructing production efficiency, land use and trade for livestock systems in historical perspective. The case of France, 1961-2010 », *Land Use Policy*, 67, p. 378-386.

est en effet convertie en énergie nécessaire à la vie de l'animale, et le reste est excrétée sous formes liquide et solide, formant fumiers, fientes et lisiers. Une fraction de ces déjections peut alors être épandue aux sols et avec elles la matière organique et les nutriments qu'elles contiennent (azote, phosphore, potasse).

Le retour au sol et la gestion de la fertilité

Le retour de la biomasse au sol est un élément essentiel du bon fonctionnement de l'agrosystème. Il permet d'apporter aux organismes du sol – lombrics, collemboles, bactéries et autres virus – les éléments nutritifs dont ils ont besoin pour rester en vie et jouer leur rôle d'architectes des sols. Sans eux, pas de fertilité des sols ; et sans fertilité des sols, pas de production agricole à long terme ! Sans compter qu'un retour suffisant de biomasse au sol permet aussi, dans certaines conditions, de développer les stocks de carbone sous forme dite organique, et ainsi de piéger du CO_2 dans les sols agricoles – contribuant ainsi à le retirer de l'atmosphère, au moins temporairement. La biomasse qui retourne au sol comprend notamment une partie des pailles issues des céréales et qui ne sont pas utilisées en élevage, les couverts végétaux que l'on fait pousser entre deux cultures sans les récolter (sur lesquels je reviendrai), et les déjections animales issues de l'élevage.

Les biomatériaux

L'usage de la biomasse agricole sous forme de biomatériaux est historique, en particulier dans l'industrie du textile (coton, lin ou chanvre) – même s'ils ont été largement supplantés par les produits synthétiques dans les dernières décennies. Cependant, les demandes en biomatériaux se diversifient aujourd'hui : le chanvre est demandé comme isolant, tandis qu'une part de la biomasse est progressivement orientée vers le secteur de la bioraffinerie pour faire des bioplastiques et autres molécules biosourcées. Si les volumes en jeu sont aujourd'hui faibles, notamment du fait des coûts de mise en œuvre, la demande est appelée à croître en remplacement des matériaux pétrosourcés. C'est par exemple le cas pour l'amidonnerie, déjà utilisée aujourd'hui pour fabriquer des emballages recyclables/compostables. Les entreprises de la bioéconomie réfléchissent aussi à d'autres usages, par exemple pour les molécules biosourcées – même si celles-ci n'ont pas vocation à absorber de grandes quantités de biomasse au total.

La bioénergie

L'usage de la biomasse agricole à des fins énergétiques est ancien : les chevaux de traits ou les bœufs d'attelage en sont une parfaite illustration. L'avènement des moteurs thermiques et l'accès (relativement) bon marché aux énergies fossiles ont pendant longtemps éclipsé ces usages, qui ne sont revenus qu'au milieu des années 1990 avec le développement des filières d'agrocarburants (biodiesel avec les huiles végétales : colza, soja et huile de palme ; bioéthanol/essence, avec les céréales et la betterave). Dans ce cas, ce sont les grains – également consommables par l'homme – qui sont transformés en combustible, et ce dernier est ensuite incorporé à une base pétrolifère pour fournir un carburant. Au tournant des années 2000, une autre manière de transformer de la biomasse en énergie a émergé avec le développement de la méthanisation agricole. Celle-ci consiste à faire travailler des bactéries – comme dans l'estomac d'une vache – pour dégrader des matières organiques en biogaz, équivalent chimiquement (à peu de chose près) du gaz naturel fossile (CH_4 + H_2O + des oxydes de soufre). Ce processus conduit également à la formation d'un digestat, riche en matière organique et en éléments nutritifs, qui peut être retourné sur les sols agricoles de même que les déjections animales.

Vous avez dit « azote » ?

Vu la diversité et l'ampleur des demandes en biomasse, une question brûle les lèvres : sa production peut-elle croître, comme le soutiennent les défenseurs de l'intensification durable ? Avant de répondre, regardons de plus près les termes de l'équation. On l'a dit, la production de biomasse résulte d'une surface que multiplie un rendement : il faut donc que l'un des termes, ou les deux, augmente. La surface agricole utile occupe déjà respectivement 43 et 45 % de la surface totale de l'Union européenne et de la France, contre un peu moins de 50 % pour les espaces naturels ; il est admis que cette proportion n'a pas vocation à augmenter, tout au moins sous nos latitudes. Reste donc les rendements. On considère classiquement ces derniers comme fonction de trois paramètres principaux en écrivant l'équation suivante :

$$Y = f(G,E,M)$$

avec : Y, le rendement ; G, la génétique des plantes, qui détermine le potentiel de croissance ; *E*, les conditions environnementales, qui regroupent le niveau de radiations solaires (donc la quantité d'énergie disponible pour faire de la photosynthèse), la disponibilité en eau et celle en nutriments essentiels, dont notamment l'azote, mais aussi le phosphore, la potasse, le carbone ; *M*, le management par l'agriculteur, qui renvoie par exemple à la date de semis, la préparation du sol, la gestion des parasites et des pathogènes…

Concentrons-nous pour le moment sur la disponibilité en azote, qui reste l'une des variables clés de cette équation. Lorsque l'azote est en défaut, la plante ne peut produire les protéines dont elle a besoin pour assurer son développement et son rendement est faible. A *contrario*, lorsqu'il est en excès, c'est-à-dire lorsque les quantités épandues sont supérieures à ce que la plante peut absorber à un moment donné, l'azote a rapidement des impacts environnementaux majeurs sur l'air, l'eau, les écosystèmes…

Azote dans l'air, azote pour les plantes

Il faut donc comprendre le rôle, l'origine et le devenir de l'azote. Il représente 80 % de l'air que nous respirons, sous une forme extrêmement stable et donc inutilisable pour les plantes : le diazote. Cette molécule est formée de deux atomes d'azote liés par une triple liaison extrêmement solide ; il faut déployer une grande quantité d'énergie pour la casser et pouvoir utiliser l'atome d'azote ainsi libéré dans la fabrication d'autres molécules. L'immense majorité des organismes vivants, et les plantes au premier chef, ne peut utiliser l'azote que lorsqu'il est lié à d'autres atomes d'hydrogène ou d'oxygène par une simple liaison : on parle d'azote réactif. Or il n'existe que deux sources d'azote réactif dans le système alimentaire. La première vient des fertilisants minéraux, dits « de synthèse ». Dans ce cas, on obtient l'azote réactif par une réaction chimique très énergivore entre le diazote de l'air (N_2) et du gaz naturel (CH_4). C'est aujourd'hui – et de loin – la forme principale sous laquelle l'azote est apporté aux plantes.

Une seconde source d'azote repose sur ce que l'on appelle la fixation symbiotique. Dans ce cas, ce sont les plantes elles-mêmes qui sont à l'œuvre, et pas n'importe lesquelles : celles que l'on appelle les légumineuses, de la famille botanique des fabacées. Celles-ci, reconnaissables à leur fleur à grande corolle (le trèfle, le pois de senteur, la fève, la luzerne…), ont développé une relation symbiotique avec une famille de bactéries, le rhizobium. Et cette bactérie est capable de briser la triple liaison qui relie les deux atomes de N dans le diazote pour produire de l'azote réactif. Elle en consomme une partie pour ses propres besoins ; le reste est mis à disposition de sa plante hôte, qui elle-même s'en nourrit pour croître. Ces détours botaniques peuvent paraître bien sinueux, mais que le lecteur impatient se rassure : ils vont se révéler essentiels pour la compréhension de la suite de l'ouvrage !

Poursuivons notre réflexion quant à la destinée de cet azote réactif. Dans le cas où la plante a accès à suffisamment d'eau, de radiations solaires et d'autres nutriments, c'est la disponibilité en azote qui va déterminer la quantité de biomasse produite. Cependant (et malheureusement !), la réponse des plantes à la disponibilité en azote est loin d'être linéaire : elle est fondamentalement logarithmique (voir figure 3) : lorsque les plantes disposent de peu d'azote – à gauche sur l'axe des abscisses – elles le valorisent presque en intégralité. Mais plus on leur en apporte (à droite sur l'axe des abscisses), moins elles sont efficaces à le transformer en biomasse, et plus la fraction d'azote réactif perdu dans le reste de l'environnement est importante. Pour le dire autrement : plus on cherche des rendements élevés, plus on doit accepter de perdre de l'azote dans l'environnement.

Par ailleurs, l'azote qui est capté par les plantes, n'en a pas pour autant fini sa course dans le système alimentaire. Une fois les plantes récoltées, l'azote circule avec la biomasse dans les cinq compartiments décrits précédemment : alimentation humaine et animale (où il apporte des protéines indispensables à la croissance, mais où il est majoritairement excrété), retour au sol (où il sert aux autres plantes à pousser), biomatériaux/bioénergie (où il est rarement une composante recherchée, et se retrouve le plus souvent séparé, comme avec le digestat du biogaz ou le tourteau des huiles végétales à biocarburants).

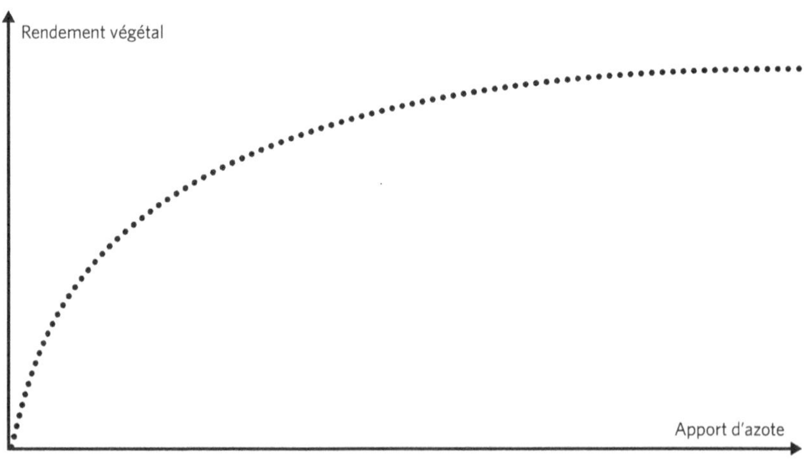

Figure 3. Courbe de réponse des rendements à l'azote : une fonction de type logarithmique.
Source : auteur.

Se pose alors la question de sa réutilisation/recyclage dans ce système, afin de minimiser les pertes d'azote réactif vers le milieu. Car si l'on parle d'azote « réactif », c'est précisément parce que celui-ci réagit… très fortement !

Le devenir de l'azote dans les écosystèmes

L'azote réactif issu du système alimentaire – non fixé par les plantes, excrété par les animaux et les humains, ou issus d'autres usages – poursuit en effet sa vie dans l'atmosphère, dans les eaux souterraines ou de surface, où il pose de nombreux problèmes environnementaux. On le retrouve dans l'atmosphère sous forme : de protoxyde d'azote (N_2O), un puissant gaz à effet de serre ; d'oxydes nitreux (NO_X), précurseurs des particules fines, responsables de maladies respiratoires ; ou encore d'ammoniac (NH_3^+), qui va le plus souvent se redéposer dans les écosystèmes terrestres, participant à leur acidification et à la perturbation des milieux. Une partie de cet azote part aussi dans les rivières par ruissellement ou érosion des sols, ou atteint les nappes phréatiques par lixiviation (le fait de traverser les différentes couches du sol jusqu'à atteindre les masses d'eau). Il est alors présent sous la forme de nitrates (NO_3^-), dont les effets sur la santé humaine quand l'eau est bue peuvent être importants à haute dose, tandis que les impacts sur les écosystèmes aquatiques sont immédiats (ainsi du phénomène des algues vertes, dû en grande partie à des milieux trop riches en azote, même si tout cet azote ne provient pas exclusivement de l'agriculture[6]).

6. On retrouvera une analyse détaillée de ces mécanismes centraux mais trop souvent occultés dans : Sutton, M.A., *et al.* (2011), *The European Nitrogen Assessment : Sources, Effects and Policy Perspectives*, Cambridge University Press.

Ainsi, si l'on veut produire beaucoup de biomasse pour réduire la concurrence entre les usages, il faut une quantité correspondante d'azote en amont, pour permettre la croissance des plantes ; et il faut également gérer cet azote à l'aval, lorsqu'il se retrouve après usage dans les déjections animales, les boues de station d'épuration, ou encore les digestats des méthaniseurs et autres coproduits de bioraffineries. Dit autrement, plus on veut de biomasse, plus on retrouve d'azote dans le milieu, et plus les conséquences environnementales sont complexes à gérer. La section qui suit s'intéresse à la « gestion » de ce compromis entre apport d'azote et production de biomasse au cours des dernières décennies, en France et plus généralement en Europe.

Un système alimentaire transformé d'un bout à l'autre

Dire que l'agriculture française et européenne a changé depuis la Seconde Guerre mondiale relève de l'évidence : on produit plus, d'une nourriture qui arrive moins chère sur les étals, avec moins d'agriculteurs, et dans des paysages radicalement transformés. Beaucoup a déjà été écrit sur cette « révolution silencieuse », pour reprendre les termes d'un de ses protagonistes. Elle est ici abordée sous un angle biophysique, afin d'identifier ses implications agroenvironnementales. Nous pourrons à la lumière de ces analyses revenir sur les objectifs fixés par la stratégie « De la ferme à la table ».

De la biomasse à foison pour des usages qui se transforment

Lorsque la Politique agricole commune (PAC) est mise en place, en 1962, elle fixe des objectifs très clairs à l'agriculture, inscrits dans le traité de Rome dès 1957 (qui établit l'ancêtre de l'Union européenne, la CECA) : accroître la productivité de l'agriculture ; assurer un niveau de vie décent aux agriculteurs ; assurer un approvisionnement à prix raisonnable aux consommateurs. C'est peu de dire que ces objectifs seront remplis au-delà des espérances. D'une situation de pénurie au sortir de la Seconde Guerre mondiale, l'Europe devient en moins de vingt ans une puissance exportatrice. La France devient même en 1985 un plus gros exportateur (notamment de blé) que les États-Unis. Au fondement de ce « miracle », l'application des recettes de la révolution verte : sélection des espèces à haut rendement, mécanisation et utilisation d'engrais et de pesticides. Son déploiement en Europe s'est traduit par un triptyque concentration-intensification-spécialisation des exploitations agricoles. En d'autres termes : des fermes toujours plus grandes, recourant à plus d'intrants extérieurs (engrais, aliments pour animaux, pesticides, antibiotiques), et plus spécialisées. À la clé, une croissance sans précédent de la quantité totale de biomasse récoltée, multipliée par près de 2 entre 1950 en 2015 et une évolution marquée de ses usages : la part consommée par les humains se réduit au profit de la consommation animale et des bioénergies (voir la figure 2 précédemment). Dans le même temps, la part de biomasse restituée aux sols agricoles se réduit dans la majorité des régions. En cause, la simplification des systèmes de culture et la déconnexion entre élevage et culture, qui réduit la part des déjections animales retournant aux sols.

Du côté des usages, c'est d'abord vers la production animale que sont allouées les nouvelles productions françaises, et notamment les céréales : maïs, blé, orge. Cette « céréalisation de l'élevage » favorise le développement des élevages porcins et volaillers, qui prendront leur essor dans les années 1980, ainsi que l'intensification de la production laitière. Ces céréales, qui apportent aux animaux l'énergie dont ils ont besoin, sont complétées par des protéines végétales, pour partie importées des Amériques sous forme de tourteaux de soja, auxquelles s'ajoutent à partir du milieu des années 1980 les cultures françaises d'abord de pois, puis, plus tard, de colza. Au total, c'est aujourd'hui un peu plus de 50 % de la consommation française de céréales et 60 % de celle d'oléo-protéagineux qui est destinée à l'alimentation animale.

Ce changement dans l'alimentation animale s'accompagne de progrès génétiques importants dans les races d'animaux élevés. Les deux combinés permettent des gains de productivité et d'efficacité significatifs en production animale. Côté productivité, la production de lait par vache laitière passe par exemple de 3 000 litres de lait par an à plus de 7 000 en moins de trente ans, tandis que la durée de croissance du poulet se réduit pratiquement de moitié sur la même période (de 70 jours à moins de 40 jours). Au total, entre 1960 et la fin des années 1990, les productions françaises de viande et d'œufs doublent, tandis que la production laitière augmente de près de 50 %. Côté efficacité, alors qu'il fallait 2,2 kilos d'aliments pour obtenir 1 kilo de poulet standard en 1970, ce ratio est passé à moins de 1,7 en moyenne aujourd'hui, soit un gain de près de 20 %. Ces gains d'efficacité expliquent en grande partie pourquoi, sur les graphiques précédents, les quantités totales de grains alloués à l'alimentation animale se stabilisent dès le début des années 1990. On peut aussi voir qu'elles baissent même légèrement depuis 2000, un phénomène dû à la stagnation de la production animale française, dont les causes sont essentiellement économiques[7].

Dans le même temps, l'alimentation s'est aussi radicalement transformée : la quantité de biomasse végétale directement consommée par les Français (céréales, légumes secs, fruits et légumes...) a augmenté moins vite que l'accroissement démographique, car elle a été remplacée progressivement par du lait, de la viande et des œufs. L'alimentation humaine ne représente ainsi plus que 23 % des usages domestiques de produits végétaux, contre 37 % en 1961. En vis-à-vis, la consommation individuelle de produits animaux connaît une augmentation très forte jusqu'aux années 1980, puis plus lente jusqu'au début des années 2000. En 2001, la consommation de viande atteint un pic à plus de 90 kilos par personne et par an en moyenne, en hausse de 40 % par rapport à 1961. Traduit en quantité réellement ingérée, ce chiffre signifie qu'au début des années 2000 le Français « moyen » consommait 175 grammes de viande par jour – toutes viandes confondues. Cette consommation va baisser entre 2001 et 2011, pour se stabiliser jusqu'à aujourd'hui autour de 81 kilos équivalent carcasse par personne et par an, soit 155 grammes de viande ingérés par jour. On n'assiste donc pas à une baisse de la consommation individuelle, en tout cas en moyenne ; de manière contre-intuitive, les 18-24 ans sont par ailleurs

7. Aubert, P.-M., Poux, X. (2024), « Des filières viandes françaises sous tension : entre pressions compétitives et accès à la biomasse », *Iddri. Étude*, 5, 48.

l'une des catégories pour laquelle la consommation est la plus élevée, à rebours de certains discours[8].

Ce phénomène n'est évidemment pas propre à la France : on parle de transition nutritionnelle. Du point de vue de la santé, ce processus a conduit à une alimentation structurellement déficitaire en fruits et légumes et en légumes secs (pois chiches, lentilles, pois cassés, haricots rouges ou blancs…) et excédentaire en sel, sucre, et produits d'origine animale. Bien sûr, cette moyenne masque des disparités entre les groupes sociaux. Cependant, à l'inverse d'un certain discours politique, les catégories sociales les moins aisées ne consomment pas beaucoup moins de viande que les autres, ni surtout que leurs besoins nutritionnels ; par contre, elles manquent très largement de fruits et légumes.

Le tableau d'évolution des usages ne serait pas complet si l'on ne mentionnait pas la place significative prise depuis le milieu des années 1990 par les agrocarburants. Ceux-ci sont confectionnés à partir de céréales (incorporées à l'essence à hauteur de 5 à 10 %) ou d'oléagineux (incorporés au diesel à hauteur de 7 %). Leur importance s'est stabilisée depuis les années 2010 autour de 10 % des usages totaux (pour les céréales) et 17 % (pour les oléagineux). Ce développement s'est par ailleurs fait en articulation étroite avec l'industrie de l'alimentation animale : les coproduits de la production de bioessence ou de biodiesel sont en effet valorisés en alimentation animale sous forme de tourteaux à haute teneur en protéines, venant pour partie se substituer aux importations de soja.

Mais outre la diversification de ces usages sur le sol domestique, la France est aussi devenue au cours de la modernisation

8. Rogissard, L. (2023), *Réduction de la consommation de viande. Des politiques publiques bien loin des objectifs de durabilité*, Paris, I4CE.

agricole une puissance agroexportatrice de premier plan. Elle fait partie depuis le milieu des années 1980 des tout premiers exportateurs mondiaux en blé ; elle a également été, au milieu des années 1990, le premier exportateur mondial de volaille. Aujourd'hui, près d'une tonne sur deux de céréales est encore exportée, ainsi que 40 % de la production laitière, dans les deux cas majoritairement à destination des pays de l'Union européenne. J'y reviens au chapitre 4.

Les ressorts physiques d'une croissance qui semblait illimitée

Le développement des usages et de l'export n'a été possible, on l'a dit, que par l'augmentation considérable de la production de biomasse entre 1950 et la fin des années 1990. Celle-ci est largement imputable aux trois principaux ingrédients de la révolution verte : tandis que les progrès génétiques ont conduit à des plantes aux rendements supérieurs, les engrais azotés permettent de réaliser leur potentiel « augmenté » et les pesticides de s'assurer qu'aucun trouble-fête ne vient perturber leur croissance. Le tout accompagné par le développement de la motomécanisation, qui a permis de démultiplier les surfaces exploitées par chaque agriculteur.

Derrière ces changements, c'est aussi à un transfert massif d'énergie vers le secteur agricole que l'on assiste. Au début du XXe siècle, l'agriculture est autosuffisante en énergie : elle nourrit ses animaux de trait et les hommes et les femmes qui la pratiquent. À partir des années 1950, elle devient dépendante des énergies fossiles à hauteur de 15 %, du fait de l'introduction des tracteurs et de la fertilisation azotée. Ce taux de dépendance grimpe dès les années 1960 à 45 %, puis 95 % en 1980, niveau auquel il est resté depuis, faisant de l'agriculture un secteur à peine producteur net d'énergie. Dans ce mouvement d'intensification, facilité par l'accès à des énergies fossiles bon marché, ce sont aussi les paysages qui se simplifient : la diversité des cultures se réduit ; les légumineuses fixatrices d'azote se raréfient car moins efficaces que les engrais minéraux ; et sous l'effet du remembrement, les champs s'agrandissent tandis que les haies vives, les bosquets, les zones humides, et même les prairies, se réduisent dans les zones les plus productives, pour laisser place aux tracteurs et aux cultures céréalières.

Dans cette simplification, le recours à de nouvelles sources d'azote joue les premiers rôles. La fertilisation minérale augmente d'abord d'un facteur 10 entre 1950 et 2000. Dans le même temps, l'importation de soja pour l'alimentation animale passe de 0 en 1950 à près de 3,5 millions de tonnes. Ce soja, riche en azote, se retrouve en grande partie épandu dans les champs sous forme de fumier ou de lisier. Or la spécialisation territoriale rend le recyclage de ces déjections de plus en plus compliqué : alors que les agriculteurs bretons peinent à trouver les surfaces nécessaires pour les épandre, leurs collègues d'Île-de-France aimeraient en avoir plus à disposition ! D'un autre côté, le recul des légumineuses conduit à une réduction de l'une des rares sources d'autonomie azotées du système alimentaire. Résultat : entre 1950 et 2000, la quantité d'azote réactif perdu dans le milieu par l'agriculture est multipliée par plus de 4,5[9], avec tous les effets agroenvironnementaux évoqués précédemment.

9. Toutes les données sur les usages de l'azote en France sont issues de l'article suivant : Harchaoui, S., Chatzimpiros, P. (2019), « Energy, nitrogen, and farm surplus transitions in agriculture from historical data modeling. France, 1882-2013 », *Journal of Industrial Ecology*, 23 (2), p. 412-425.

Sans compter que cette augmentation des apports en engrais de synthèse favorise aussi ce que l'on appelle la « minéralisation » des sols, c'est-à-dire la désagrégation des stocks de matière organique qui s'y trouvent, libérant ainsi du CO_2 dans l'atmosphère. L'INRAe estime ainsi que les sols agricoles pourraient perdre chaque année entre 100 et 170 kgC/ha/an, avec néanmoins de fortes variabilités entre les régions[10].

Au fil des années, l'arrivée de nouvelles techniques et les contraintes réglementaires permettent d'améliorer l'efficacité globale de l'usage de l'azote et de réduire les pertes dans le milieu, tant en production végétale qu'en production animale. En quinze ans, entre 2000 et 2015, les pertes sont réduites de 30 %. Cependant, ces gains d'efficience, si significatifs soient-ils, maintiennent à un très haut niveau les pertes azotées dans les milieux, qui restent plus de trois fois plus élevés en 2015 qu'elles ne l'étaient en 1950. *In fine*, ces gains d'efficience accompagnent plus qu'ils ne remettent en cause la triple dynamique de concentration, spécialisation et intensification des fermes et des territoires – et avec elle la croissance des rendements qu'elle semble permettre à l'infini. Au milieu des années 1990, pourtant, cette dynamique s'enraye.

Une mécanique qui s'enraye

La figure 4 présente la courbe d'évolution des rendements du blé en France entre 1915 et 2020. Elle illustre la double rupture avec laquelle il faut aujourd'hui composer : une stagnation

10. Pellerin, S., *et al.* (2019), *Stocker du carbone dans les sols français. Quel potentiel au regard de l'objectif 4 pour 1 000 et à quel coût ? Synthèse du rapport d'étude*, Paris, INRAe.

des rendements ; et une variabilité interannuelle accrue, avec des creux et des pics bien plus importants. Ces évolutions ne sont pas propres à la France, même si elles y sont particulièrement marquées[11]. Dans de nombreux pays d'Europe de l'Ouest, un même plafonnement des rendements apparaît au milieu des années 1990. Plus largement, alors qu'entre 1975 et 1985 le potentiel productif des principales cultures européennes (blé, orge, colza) a augmenté de plus de 50 %, il stagne depuis le début des années 2000, indiquant qu'une limite physique à la croissance des rendements pourrait avoir été atteinte.

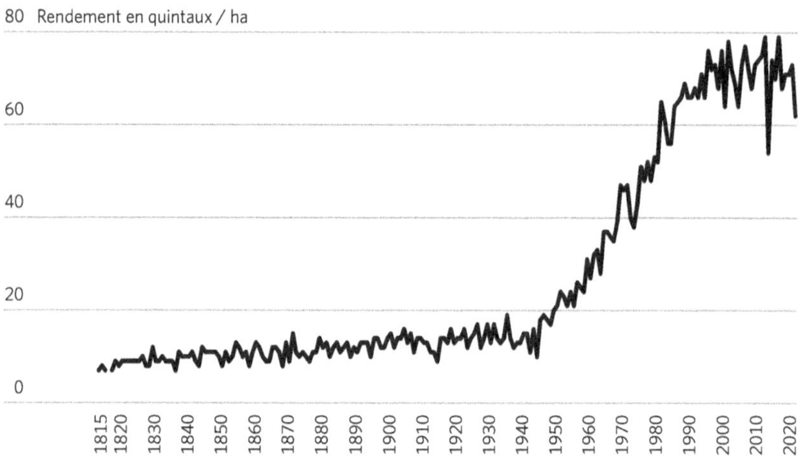

Figure 4. La courbe de rendement du blé en France de 1815 à 2018.
Source : Académie d'agriculture de France.

11. Schauberger, B., *et al.* (2018), « Yield trends, variability and stagnation analysis of major crops in France over more than a century », *Scientific Reports*, 8 (1), 16865.

Mais d'autres facteurs entrent en jeu. Dans des travaux datant déjà d'une dizaine d'années, Frances Moore et ses collègues mettaient en évidence que l'évolution des régimes de températures et de précipitations induites par le changement climatique expliquait environ 10 % de ces stagnations[12]. Dans ce contexte, accélérer l'adaptation des systèmes de cultures et des systèmes d'élevage à ces nouvelles données climatiques est devenu, aux yeux de tous, une priorité. D'autant plus que depuis le papier de Moore, les effets du réchauffement climatique sont chaque année plus marqués, avec des sécheresses ou des épisodes pluvieux qui affectent durement les récoltes. En 2022, par exemple, le rendement moyen du maïs grain a été amputé de près de 20 % par rapport à la moyenne quinquennale précédente (2017-2021) du fait de la sécheresse !

Les enjeux biophysiques de la transition

Mettre la biodiversité au cœur des systèmes agricoles

Si l'adaptation est devenue une évidence pour beaucoup, il est aussi de plus en plus clair qu'il faudra en même temps assurer la reconquête de la biodiversité des agrosystèmes. Celle-ci est en effet un facteur de production essentiel mais souvent oublié de l'agriculture. Des paysages agricoles riches et des sols en bonne santé rendent en effet à l'agriculture des

12. Moore, F. C., Lobell, D. B. (2015), « The fingerprint of climate trends on European crop yields », *Proceedings of the National Academy of Sciences*, 112 (9), p. 2670.

services écosystémiques indispensables[13] : pollinisation des fruits et légumes ou des plantes oléagineuses ; recyclage des nutriments (azote, phosphore, potasse) ; stockage de carbone dans les sols et maintien de leurs structures ; ou encore régulation des parasites. Pour favoriser biodiversité et santé des sols, les travaux récents en la matière indiquent que trois ingrédients sont essentiels[14].

Le premier tient tout simplement à la diversité des paysages agricoles. Diversité des espèces cultivées dans les champs d'une part : les paysages de monoculture, comme dans les zones de maïsiculture du Sud-Ouest, sont particulièrement défavorables à la biodiversité. Diversité des structures paysagères d'autre part : les *infrastructures agroécologiques* (haies, chemins creux, bosquets, arbres isolés ou encore prairies naturelles) offrent en effet le gîte et le couvert aux espèces non cultivées, favorisant des chaînes alimentaires plus riches et plus complexes dans les agrosystèmes. Elles jouent par ailleurs d'autant mieux ce rôle qu'elles maillent densément le territoire ; on estime ainsi que pour remplir l'ensemble des services écosystémiques, tout paysage agricole devrait contenir au minimum 20 % de telles infrastructures.

Le second ingrédient essentiel pour la biodiversité concerne la quantité de fertilisants et de pesticides qui sont « perdus » dans le milieu après avoir été appliqués pour soutenir la croissance des plantes. Les fertilisants azotés qui ne sont pas utilisés par les plantes, car appliqués en quantité supérieure à leur

---

13. Dainese, M., *et al.* (2019), « A global synthesis reveals biodiversity-mediated benefits for crop production », *Science Advances*, 5 (10), p. 13.
14. Nous avons fait une récente synthèse des facteurs en jeu pour maintenir la biodiversité des systèmes agricoles dans l'article suivant : García-Vega, D., *et al.* (2024), « A safe agricultural space for biodiversity », *Frontiers in Sustainable Food Systems*, 8.

capacité d'absorption, vont réagir dans le milieu et générer la cascade d'effets indésirables déjà évoqués. Les pesticides, eux, visent précisément à débarrasser la culture d'un ou plusieurs organismes indésirables : champignons, insectes, « mauvaises herbes ». Si certains d'entre eux ciblent précisément un agent indésirable, la plupart ont des effets sur une variété d'organismes bien plus grande que leur cible de base. L'utilisation conjointe des pesticides et des fertilisants a ainsi pour effet de réduire la base de la chaîne alimentaire : moins de micro-organismes dans les sols, moins de graines ou d'insectes disponibles pour les oiseaux granivores ou insectivores…

Le dernier ingrédient d'un agrosystème en bonne santé, ce sont des sols vivants. Pour cela, le retour de la biomasse au sol – on parle aussi de *matière organique* – assure d'abord le gîte et le couvert aux micro- et macro-organismes des sols. Des microbes aux vers de terre en passant par les bactéries, les collemboles et autres myriapodes (les « mille-pattes »), tous bénéficient d'un sol mieux structuré par les agrégats de matière organique, qui se révèle également plus riche en nutriments. La réduction du travail du sol, et notamment l'abandon du labour profond, va dans le même sens : cela limite le tassement des sols et permet de maintenir une structure verticale cohérente, tout en favorisant le maintien de la matière organique.

Si ces trois ingrédients font globalement consensus dans la communauté académique, il n'en est pas de même concernant le niveau d'ambition qu'on doit se fixer pour chacun. On retrouve – encore – notre opposition entre intensification durable et agroécologie, entre les tenants d'une logique d'efficience faisant des hauts rendements un principe supérieur et ceux considérant qu'une rediversification radicale des systèmes associée à une baisse des apports d'intrants en valeur absolue est un point de départ non négociable, quitte à entraîner des baisses de rendement. Mais ce n'est pas tout…

Réduire les émissions, stocker du carbone : le double défi de l'agriculture pour le climat

S'adapter aux changements climatiques, restaurer la biodiversité et préserver la santé des sols : le cahier des charges pourrait déjà sembler bien rempli. S'arrêter là serait pourtant laisser de côté un dernier enjeu essentiel : la réduction des émissions de gaz à effet de serre. Pour cela, les agriculteurs disposent de deux leviers : réduire les émissions issues de leurs pratiques et augmenter le stockage de carbone « vivant » dans les agroécosystèmes.

Commençons par le stockage de carbone vivant. Grâce à la photosynthèse, les plantes retirent en permanence du CO_2 de l'atmosphère pour produire de la biomasse. L'essentiel de cette biomasse est ensuite exporté de l'agrosystème pour remplir les différents usages identifiés précédemment. Monnayant des pratiques adéquates (en particulier la réduction du labour), une partie de la biomasse produite et de son CO_2 associé peut être stockée dans les agroécosystèmes, soit sous forme de matière organique dans les sols (quand on accroît le retour au sol de la biomasse *via* par exemple ce que l'on appelle les « couverts intermédiaires » implantés entre deux cultures, ou encore par l'augmentation des apports de fumier), soit par la croissance d'arbres implantés dans le paysage : haies, agroforesterie, bosquets. Bien sûr, ce stockage de carbone n'est pas illimité dans le temps : les sols agricoles ne peuvent pas emmagasiner de la matière organique à l'infini. De même, lorsque les arbres implantés ont terminé leur croissance, ils deviennent des « stocks sur pieds ». On est cependant bien loin d'une telle situation en France comme en Europe : les sols agricoles sont pour l'essentiel au mieux à l'équilibre (ils absorbent autant de biomasse qu'ils en libèrent), au pire émetteurs nets de CO_2, du fait du trop faible retour au sol de biomasse et du recours important aux fertilisants minéraux. Par ailleurs, lorsque les sols stockent, le processus est réversible : l'abandon des pratiques de stockage dans les sols conduit au déstockage du CO_2 et l'abattage des arbres – s'ils sont brûlés – conduit à réémettre le CO_2 qu'ils ont stocké pendant leur croissance. Précisons enfin que le potentiel de stockage, dans le cas de la France, se situe quelque part entre 20 et 40 % des émissions agricoles françaises actuelles[15] : ce n'est pas rien, mais cela n'enlève rien à la nécessité de *réduire* les émissions agricoles pour parvenir aux objectifs fixés par l'accord de Paris.

C'est le deuxième levier dont dispose le secteur agricole. En France et en Europe, l'objectif de réduction des émissions compatible avec la neutralité climatique se situe quelque part entre – 45 et – 60 % par rapport à la référence de 1990. Ces émissions proviennent de trois sources en France métropolitaine : la fertilisation azotée, qui conduit à des émissions de protoxyde d'azote (N_2O), représentant environ 40 % des émissions totales ; la fermentation entérique, c'est-à-dire les émissions de méthane issues du travail effectué par les bactéries dans le rumen des ruminants pour dégrader les fourrages, pour un autre 40 % ; et la combustion d'énergies fossiles dans les tracteurs,

15. Voir pour plus de détails sur le potentiel de stockage dans l'agriculture française : Pellerin, S., *et al.* (2019), *Stocker du carbone dans les sols français. Quel potentiel au regard de l'objectif 4 pour 1000 et à quel coût ? Synthèse du rapport d'étude*, Paris, INRA.

les serres et autres bâtiments d'élevage, pour environ 20 % des émissions. Au total, l'agriculture représente 20 % des émissions françaises, mais seulement 10 % des émissions de l'Union européenne – notamment du fait de la plus faible part des émissions issues du système énergétique en France. La réduction de ces émissions peut se faire de deux manières : *via* des gains d'efficience, c'est-à-dire en réduisant le niveau d'émission par kilo produit ou par hectare de production ; ou *via* le changement du « mix produit », afin de favoriser les productions les moins émettrices par rapport aux productions les plus émettrices. Pour atteindre une réduction de 50 % des émissions, comme évoqué ci-dessus, les technologies actuelles sont insuffisantes. Même en faisant l'hypothèse que celles-ci soient adoptées par 100 % des agriculteurs, le niveau de réduction obtenu serait au mieux de 20 à 30 %. Dans l'ensemble des scénarios que nous avons analysés, portant sur l'Europe ou un pays de l'Europe (France, Danemark, Angleterre), une baisse de la production et de la consommation des produits les plus intensifs en carbone – les produits animaux – est inévitable pour atteindre les – 50 %[16].

Conclusion : on saurait quoi faire… mais comment ?

Trois idées se dégagent de ce parcours agronomico-historique :

1) Le fonctionnement du système agricole repose sur l'équilibre entre offre et demande en biomasse.

16. Duru, M., *et al.* (2021), « Scénarios de systèmes alimentaires à l'horizon 2050 au niveau européen et français : quels éclairages pour les politiques publiques ? », *AE&S*, 11 (1).

2) Entre 1950 et 2000, cet équilibre s'est singulièrement déplacé. Un transfert massif d'énergie fossile vers le secteur agricole a d'abord permis un doublement de l'offre de biomasse, auquel ont répondu une diversification et une complexification des usages. Ce processus a eu des effets collatéraux nombreux : alimentation déséquilibrée et trop riche, perte de biodiversité, augmentation des émissions de gaz à effet de serre d'origine agricole.

3) Depuis 2000, l'offre de biomasse tend à stagner, voire à régresser certaines années, sous le triple effet du changement climatique, de la perte de biodiversité des espaces agricoles, et de l'altération des sols agricoles, rendant notre système alimentaire de plus en plus fragile.

Dans ce contexte, envisager le futur de notre système agricole suppose d'identifier de nouveaux équilibres offre-demande en biomasse qui soient pérennes et résilients. C'est précisément ce que dessinent les quatre objectifs de la stratégie Farm to Fork présentée au chapitre 1 : la réduction des pertes et gaspillages (1) et la végétalisation de l'alimentation (2) doivent d'abord permettre de réduire la demande en biomasse ; le stockage de carbone dans les sols (3) et la baisse des pesticides et des fertilisants de synthèse (4) amélioreraient ensuite la durabilité à long terme de l'offre, en ramenant notamment plus de biodiversité dans les paysages. Prises ensemble, ces mesures permettraient finalement de réduire drastiquement les émissions totales du système alimentaire et de favoriser l'adaptation aux changements environnementaux en cours.

Si une telle approche est indubitablement cohérente avec l'état des savoirs, c'est encore et toujours la question de sa mise en œuvre qui fait débat : le degré d'ambition est-il le bon ? Fixer des objectifs au niveau européen, est-ce une bonne idée ? Quels pourraient être les impacts économiques de telles mesures ? Pour pouvoir répondre à ces questions, le prochain chapitre propose un autre détour, non plus agronomique, mais économique cette fois. Avec un objectif simple : si l'on veut créer les modèles économiques qui permettront, demain, de faire rimer viabilité économique avec transition agroécologique, il faut comprendre les mécanismes de base, micro- et macroéconomique, qui organisent notre système alimentaire. Ce faisant, on reviendra aussi sur la rétrospective agronomique esquissée dans ce chapitre, pour en dégager les déterminants économiques et politiques.

CHAPITRE 3

Produire plus pour gagner plus

L'économie du système alimentaire contemporain

Entre 2010 et 2020, l'agriculture française a perdu près d'un quart de ses fermes, tout en continuant à produire lait, viande, céréales, etc., en quantité globalement constante. Dans le même temps, les syndicats agricoles dénonçaient la faiblesse des revenus agricoles et le vieillissement de la population agricole. Ils alertaient également : si l'on ne trouve pas le moyen d'améliorer les revenus, on ne trouvera pas de candidats pour reprendre les fermes de ceux qui partent à la retraite ! À l'autre bout de la chaîne alimentaire, les dépenses alimentaires des ménages se stabilisaient autour de 16 % de leur budget, après avoir connu une baisse importante dans les décennies précédentes. Enfin, les industries agroalimentaires continuaient non seulement à résister aux délocalisations, mais voyaient leur niveau d'emploi croître de 10 %, ce malgré les vents contraires qu'elles devaient aussi affronter.

En quoi ces différentes dynamiques sont-elles liées ? En quoi influencent-elles la faisabilité de la transition du système agricole français ? Et pourquoi, alors que la majorité des acteurs du monde agricole dénoncent les impasses économiques d'une transition trop ambitieuse, certaines organisations clament au contraire que cela pourrait créer plusieurs centaines de milliers d'emplois[1] ?

Pour répondre à ces questions, il faut, comme en agronomie, revenir « aux fondamentaux ». Qu'a-t-on compris des mécanismes économiques qui ont accompagné la transformation des systèmes agricoles depuis les dernières décennies ? Quels rôles ont joués les politiques publiques pour moduler ces mécanismes ? Comment ces transformations se répercutent-elles sur le reste de l'économie, en termes de PIB, d'emplois… ?

Avant de nous plonger dans ces questions, posons quelques ordres de grandeur quant à la situation actuelle. En 2023, l'agriculture et l'agroalimentaire représentaient respectivement 2,5 et 2,3 % de la population active et 1,9 et 2 % du PIB. Cette apparente convergence masque cependant des évolutions contrastées. Alors que l'emploi agricole a été divisé par plus de 10 depuis 1949, l'emploi dans l'agroalimentaire a progressé de 20 % sur la même période – grâce notamment à un net rebond depuis 2010 (voir figure 5).

Dans le même temps, la part du budget des ménages allouée à l'alimentation est passée de près de 30 % en 1963 à 16 % en 2023 – bien qu'en valeur absolue et en euros constants, les ménages dépensent aujourd'hui près de 2,5 fois *plus* pour leur alimentation qu'il y a soixante ans. Enfin, le revenu agricole

1. The Shift Project (2022), *Climat, crises. Le plan de transformation de l'économie française*, Odile Jacob.

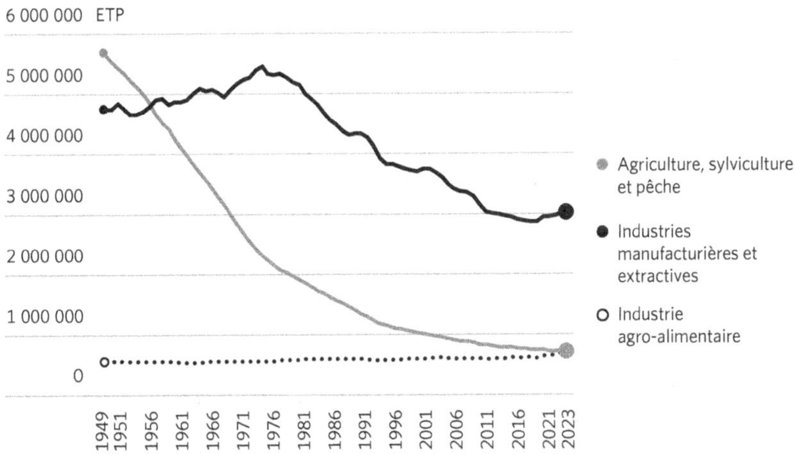

Figure 5. Évolution de l'emploi agricole, manufacturier et agroalimentaire, France (1949-2023).
Source : auteurs, d'après données Insee, comptes de la nation.

français est *en moyenne* légèrement inférieur au revenu moyen des autres secteurs. Cependant, les différences entre secteurs sont bien plus importantes que cet écart moyen : entre un éleveur bovin du Massif central et un éleveur porcin breton ou un céréalier francilien, les écarts de revenus peuvent varier du simple au triple, voire au quadruple. Par ailleurs, la volatilité des cours agricoles entraîne une variabilité interannuelle des revenus extrêmement forte – typiquement ceux du porc, dont les prix varient historiquement de manière cyclique[2].

Pour comprendre ces transformations, il faut revenir aux mécanismes économiques qui organisent le secteur agricole et son rapport au reste de l'économie. Ce faisant, on pourra aussi mieux saisir le rôle des politiques publiques et des autres acteurs de la chaîne alimentaire dans ces évolutions,

2. Chatellier, V. (2021), « L'hétérogénéité des revenus des actifs non salariés au sein de l'agriculture française : un regard au travers de deux grilles typologiques », *Économie rurale. Agricultures, alimentations, territoires*, 378, p. 57-75.

et identifier comment reposer l'équation économique du système alimentaire français pour en penser la transition.

La transformation structurelle en France

Agriculture et productivité

Pour gagner leur vie, les agriculteurs sont comme tout acteur économique : la productivité de leur travail doit être suffisante pour générer un revenu. Dit autrement, le temps qu'ils passent sur leur ferme doit se convertir en suffisamment d'euros pour assurer le niveau de vie qu'ils recherchent. Au-delà des producteurs, cette question se pose aussi pour les décideurs politiques : en régime capitaliste, ces derniers attendent de tous les secteurs (et donc, de l'agriculture !) qu'ils contribuent à la croissance économique. Et pour cela il faut non seulement que la productivité du travail agricole augmente, mais aussi que l'agriculture participe de la formation du capital fixe[3]. Dans quelles conditions ? Quels en sont les déterminants ?

Pour appréhender ces points, posons quelques égalités très simples, que l'on complexifiera petit à petit. Si l'on appelle Y la production de l'agriculture et L le nombre d'emplois, la productivité du travail agricole s'exprime comme le ratio $\frac{Y}{L}$.

3. On sait au moins depuis Kaldor et Solow que l'accroissement du volume de capital est empiriquement corrélé à toute trajectoire de croissance économique. Aghion et ses collègues ont depuis montré le rôle central de l'innovation, en ce qu'il permet de rendre chaque point de capital supplémentaire plus productif du fait de son contenu en technologie. Voir : Kaldor, N. (1961), « Capital accumulation and economic growth », *in* International Economic Association (dir.), *The Theory of Capital*, Springer, p. 177-222 ; Aghion, P., *et al.* (2020), « Doit-on s'industrialiser à tout prix ? », *in Le Pouvoir de la destruction créatrice*, Odile Jacob, p. 187-214.

En introduisant A, la surface agricole, la productivité du travail, $\frac{Y}{L}$ peut se décomposer comme suit :

$$\frac{Y}{L} = \frac{Y}{A} \times \frac{A}{L} \qquad (1)$$

avec : $\frac{Y}{A}$, la production ramenée à la surface, soit un rendement ; $\frac{A}{L}$, la surface exploitée par travailleur.

En première approximation, un agriculteur a donc trois possibilités pour accroître sa productivité, qu'il peut par ailleurs combiner : augmenter ses rendements (c'est-à-dire augmenter $\frac{Y}{A}$) ; agrandir sa ferme *sans recourir à de la main-d'œuvre supplémentaire* ; ou exploiter sa ferme avec *moins de main-d'œuvre*, notamment grâce à la mécanisation (ces deux dernières options revenant à augmenter $\frac{A}{L}$).

Comme nous l'avons vu au chapitre précédent, ces trois dynamiques se sont combinées dans l'agriculture française depuis soixante-dix ans. Les rendements ont plus que triplé, les fermes se sont agrandies et le travail a été mécanisé, conduisant à une multiplication par 14 de la productivité du travail exprimée en kilocalories par équivalent temps plein. Mais alors, se demandera le lecteur attentif, comment expliquer que la faiblesse du revenu agricole ait pu être un motif central des revendications agricoles de l'hiver 2023-2024 ? La forte hétérogénéité des revenus est évidemment un premier facteur explicatif. En 2022, le revenu moyen par actif en élevage de porcs est 6,5 fois plus élevé qu'en élevage de moutons : de 127 000 euros par an pour l'un à 19 000 euros pour l'autre. Et, au sein même du secteur porcin, les revenus s'étalent entre moins de 10 000 euros par an et près de 280 000 euros ! Au-delà de cette hétérogénéité, l'apparent paradoxe entre forte hausse de la productivité et faiblesse du revenu s'éclaire d'autant mieux que l'on introduit dans l'équation deux variables supplémentaires : le niveau des prix et le niveau des charges de production.

Introduire les prix permet d'abord de poser une distinction trop rarement faite entre productivité *physique* et productivité *économique* du travail. La première désigne la quantité de biens produits par unité de travail : des tonnes de céréales, de lait, de viande. La productivité *économique* désigne quant à elle la quantité d'euros générée par unité de travail. Pour passer de la première à la seconde, il « suffit » de multiplier l'équation (1) par le niveau des prix *p*, comme dans l'équation (2) :

$$\frac{Y_€}{L} = \frac{Y_\varphi}{A} \times \frac{A}{L} \times p \qquad (2),$$

avec : $\frac{Y_€}{L}$, la productivité économique du travail en euros par unité de travail ; $\frac{Y_\varphi}{A}$, la production physique par hectare, ou rendement, en tonne par hectare ; $\frac{A}{L}$, la surface exploitée par travailleur, en hectare par unité de travail ; *p*, le niveau des prix, en euros par tonne.

Ainsi, pour une ferme donnée et un niveau de prix donné, la productivité économique se déduit directement de la productivité physique. Dans bien des cas, et le plus souvent de manière implicite, les deux productivités sont considérées comme équivalentes : augmenter sa productivité économique, ce serait augmenter ses rendements. On comprend mieux pourquoi la stratégie « De la ferme à la table » et les baisses de rendement qu'elle impliquerait paraissent si problématiques à bien des agriculteurs : en l'absence d'agrandissement de la ferme ou d'une hausse de la mécanisation, cela semble inéluctablement entraîner une baisse de productivité du travail, et donc, *in fine*, du revenu de l'agriculteur (même si les deux ne sont pas équivalents comme on va le voir).

L'équivalence entre productivité physique et productivité économique a le mérite de simplifier le raisonnement, mais elle a pour inconvénient de faire l'impasse sur le fait que, précisément, les prix ne sont pas fixes. En principe, rien n'empêche de réfléchir à des scénarios de hausse des prix qui, en valorisant des modes de production plus vertueux, viendraient compenser la baisse de rendements. C'est la logique de *montée en gamme*, mise en avant par des acteurs politiques (par exemple, dans un discours d'Emmanuel Macron en 2017[4]) comme académiques (par exemple dans un article récent et largement cité de Jan Van der Ploeg et ses collègues[5]). Si en théorie un tel scénario n'est pas impossible, il ne s'est jusqu'à présent pas vérifié à grande échelle – nous y reviendrons amplement dans les chapitres qui suivent. À l'inverse, les gains de productivité *physique* se sont en effet traduits par une *baisse* des prix réels agricoles, qui a été de plus de 50 % entre 1978 et 2005[6]. Si l'on repart de l'équation (2), on peut dire que la somme des gains de rendements et des hausses de surface travaillée par agriculteur a été très supérieure à la baisse des prix, permettant à la productivité *économique* du travail agricole d'augmenter malgré tout.

C'est là qu'il faut introduire la question des charges de production. En effet, dans le processus décrit plus haut, l'agrandissement et la mécanisation des fermes reposent sur des investissements importants : foncier, bâtiment, machines, animaux reproducteurs. Et les changements agronomiques entraînent également une augmentation des consommations

4. Macron, E. (2017), « Discours de Rungis sur les États généraux de l'alimentation », Paris, présidence de la République française.
5. van der Ploeg, J. D., *et al.* (2019), « The economic potential of agroecology : Empirical evidence from Europe », *Journal of Rural Studies*, 71, p. 46-61.
6. Butault, J.-P. (2008), « La relation entre prix agricoles et prix alimentaires », *Revue française d'économie*, 23 (2), p. 215-241.

intermédiaires par les agriculteurs : semences améliorées, pesticides, fertilisants, aliments concentrés pour le bétail… qui sont eux aussi produits par d'autres entreprises. Côté pile, l'agriculture en tant que secteur contribue bien ainsi à la formation de capital fixe dans l'économie ; côté face, l'agriculteur individuel voit ses charges de production augmenter significativement. Au final, le revenu agricole dépend de cette balance entre dépenses nécessaires à l'amélioration de la productivité physique, hausse réelle de cette productivité, et évolution des prix. Ainsi, une forte productivité du travail n'entraîne pas nécessairement un fort revenu si elle s'accompagne d'une faible efficacité dans l'usage des consommations intermédiaires et d'une dette trop importante ; en revanche, une faible productivité du travail entraîne dans la majorité des cas un faible revenu. Cet équilibre entre productivité du travail et revenu, qui a longtemps été favorable aux agriculteurs, l'est de moins en moins ces dernières années ; il devient de surcroît plus incertain du fait des chocs de toute nature qui affectent l'agriculture.

Résumons-nous. Dans un régime économique basé sur la croissance, tous les secteurs doivent contribuer à la hausse de la productivité du travail et à la formation de capital fixe. Cela passe dans l'agriculture par la combinaison entre gains de productivité par hectare et mécanisation de l'exploitation – notamment du fait de la tendance baissière des prix. Comment ces mécanismes ont-ils joué historiquement ? En quoi permettent-ils d'expliquer les transformations biophysiques présentées dans le chapitre précédent ? Comment ont-ils été modulés par les politiques publiques et par l'action des acteurs à l'aval ? Où en est-on aujourd'hui ?

La transformation structurelle : un mécanisme commun aux pays occidentaux

En 1950, le secteur agricole représentait 30 % de la population active française, et générait moins de 15 % du PIB, témoignant des inégalités importantes de productivité et de revenus entre l'agriculture et le reste de l'économie. Un peu plus de sept décennies plus tard, le secteur ne représente plus que 2,5 % de la population active, et produit 1,9 % du PIB. En d'autres termes, il s'est vidé de près de 90 % de ses effectifs (de 5,7 millions d'ETP à environ 730 000) ; dans le même temps, sa contribution à la création de richesse était multipliée par plus de 4 en valeur absolue, tandis que sa part relative dans l'économie régressait de 85 %. Les gains de productivité du travail agricole, et surtout le fait que ces gains ont été *plus rapides* en agriculture que dans le reste de l'économie, sont au fondement de cette transformation. Pour donner un ordre de grandeur : tandis que la productivité du travail (en euros/ETP) était multipliée par un peu moins de 6 dans l'ensemble de l'économie française, cette augmentation était d'un facteur 30 en agriculture ! Il en résulte une réduction très forte de l'écart de productivité entre le secteur agricole et le reste de l'économie, comme l'illustre la figure 6.

Cette dynamique, connue sous le nom de « transformation structurelle », a touché l'ensemble du monde occidental dans le courant du XXe siècle, quoique à des rythmes et des amplitudes qui ont pu différer d'un pays à l'autre[7]. Elle suppose deux

7. Pour une présentation d'ensemble de la « transformation structurelle », voir Timmer, P.C. (2009), « A world without agriculture ? The historical

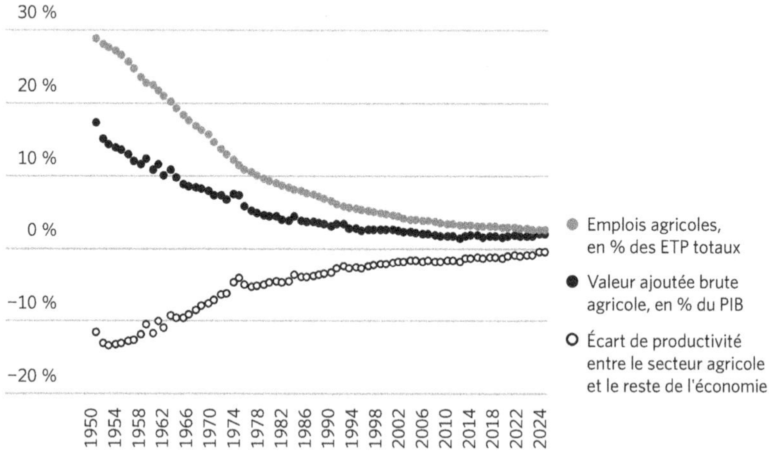

Figure 6. La transformation structurelle en France (1950-2023).
Source : auteurs, d'après données Insee, comptes de la nation.

conditions que l'Europe en particulier et l'Occident en général ont pu réunir. La première a trait à la structure de l'économie : la diminution continue de la population active agricole suppose que les travailleurs qui en partent trouvent à s'employer dans les autres secteurs, lesquels doivent donc être en croissance.

La seconde condition à une transformation structurelle concerne la disponibilité en terre par travailleur. On l'a vu, la croissance de la productivité du travail possède deux termes : la productivité par hectare et la surface par travailleur. Lorsqu'on compare les dynamiques passées, européennes[8] comme internationales[9], on voit que la seule augmentation des rendements ne suffit pas à réduire l'écart de productivité entre l'agriculture

paradox of agricultural development », *Development Policy Outlook*, American Entreprise Institute for Public Policy Research, 1.

8. Martín-Retortillo, M., Pinilla, V. (2015), « On the causes of economic growth in Europe : Why did agricultural labour productivity not converge between 1950 and 2005 ? », *Cliometrica*, 9 (3), p. 359-396.

9. Dorin, B., *et al.* (2013), « A world without farmers ? The Lewis Path revisited », *CIRED Working Papers*, 47, p. 22.

et le reste de l'économie : la surface par travailleur doit aussi augmenter, en combinant mécanisation et agrandissement des exploitations[10]. En situation de contrainte foncière et de stagnation (voire de baisse) des prix agricoles, comme en Inde par exemple, la population agricole s'est ainsi appauvrie par rapport aux autres catégories socioprofessionnelles.

Où en est l'agriculture française ?

Après soixante-dix ans de transformation structurelle, où en est l'agriculture française ? En quoi cela nous éclaire-t-il quant à ses réticences à embrasser la promesse de transition portée par le Pacte vert européen ? Tour d'horizon de la situation d'un point de vue environnemental et socio-économique.

Sur le plan environnemental, le chapitre précédent a rappelé les principales évolutions des dernières décennies : simplification des rotations culturales, recours aux fertilisants de synthèse plutôt qu'aux légumineuses et au recyclage des déjections animales, spécialisation territoriale, ou encore agrandissement des parcelles par l'arasement des haies, des fossés et des bosquets… Le lien entre ces évolutions et la transformation structurelle est assez évident : ces changements se sont en effet révélés les plus *simples* – si ce n'est les plus efficaces – pour accroître la productivité du travail et la compétitivité. Par ailleurs, les politiques publiques qui ont accompagné la transformation

10. De ce point de vue-là, l'idée que la transformation structurelle puisse avoir un caractère universel et transposable à l'ensemble des géographies semble plus que questionnable, comme l'ont bien montré Dorin *et al.* (*ibid.*) : dans de nombreux pays, notamment l'Inde, qu'ils prennent en exemple, la disponibilité foncière n'existe tout simplement pas ; de plus, la croissance économique ne génère pas assez d'emplois pour accueillir les travailleurs qui quitteraient le secteur agricole en cas de transformation structurelle.

structurelle ont longtemps laissé de côté les enjeux environnementaux, laissant libre cours au développement de ces pratiques. Cependant, ce processus a des limites physiques, qui se traduisent par exemple par le plafonnement des rendements, évoqué au chapitre précédent, ou encore le nombre de naissances que peut « piloter » un agriculteur seul dans une exploitation bovine[11]. Cela n'est pas sans conséquences sur le plan économique. Ainsi, depuis un peu plus de dix ans, la productivité économique en agriculture fait le yo-yo sans amélioration notable, comme le montre la figure 7. Exactement comme les rendements, mais avec un décalage de dix ans. On tient probablement là un des motifs structurants du rejet du Pacte vert. Celui-ci entend en effet faire changer un secteur déjà structurellement à la peine. En outre, il propose des mesures qui sont vues, de prime abord, comme des motifs d'aggravation du mal plutôt que comme des solutions.

L'examen du versant social de la transformation structurelle permet d'affiner ce diagnostic. En première approche, la transformation structurelle signifie d'abord moins de fermes, plus grandes, plus capitalisées, et avec de plus en plus de salariés. En cinquante ans, le nombre d'exploitations agricoles a ainsi été divisé par 4, passant d'un peu plus de 1,5 million en 1970 à 389 800 en 2020 (dernier recensement agricole) ; dans le même temps, leur surface moyenne augmentait de 50 hectares pour atteindre, en 2020, 69 hectares, tandis que la part de l'emploi salarié passait de moins de 15 à 39 %. Enfin, chaque année depuis 1978 (première date à laquelle les données sont disponibles), un peu plus de 12 milliards

11. Dubrulle, J., *et al.* (2023), « Soixante-dix ans d'accroissement de la productivité physique du travail en élevage bovin allaitant : le cas du bassin charolais », *Économie rurale*, 386 (4), p. 87-109.

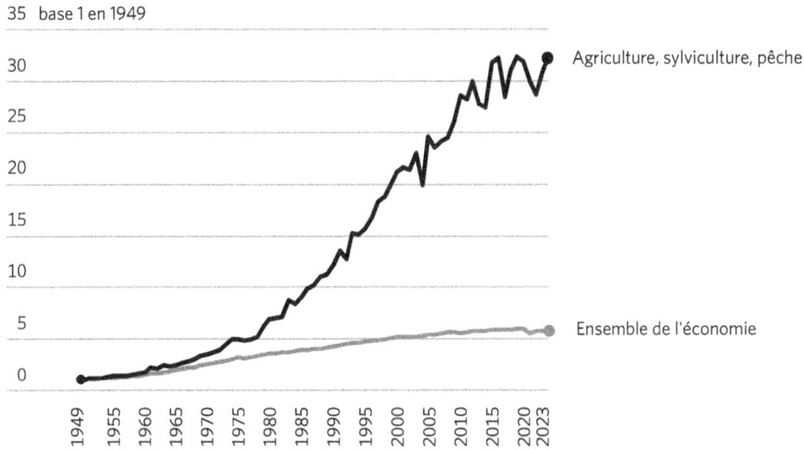

Figure 7. En agriculture, des gains de productivité économique plus rapides mais qui plafonnent depuis dix ans.
Source : auteur, d'après Insee, comptes de la nation.

Note : les productivités sont exprimées en valeur ajoutée brute (en volume au prix de l'année précédente chaîné) par équivalent temps plein. Pour les rendre comparables, elles sont ensuite ramenées en base 1 pour l'année 1949.

d'euros (en euro constant 2020) sont investis par les agriculteurs pour augmenter leur productivité physique. Le fait que ce chiffre soit stable pour l'ensemble du secteur signifie que les charges d'investissement augmentent *pour chaque ferme* (ou pour chaque actif), en proportion inverse de la baisse du nombre d'exploitations (respectivement du nombre d'actifs). Le volume d'investissement annuel dans l'agriculture, ramené à l'équivalent temps plein, a ainsi plus que triplé entre 1978 et 2020, alors qu'il n'a augmenté que de 50 % dans le reste de l'économie. Ces investissements, nécessaires à la transformation structurelle telle qu'elle est comprise aujourd'hui, contribuant à la formation de capital fixe pour l'économie française, grèvent cependant d'autant le compte de résultat des exploitations agricoles.

Ces chiffres donnent une première idée de l'ampleur des transformations qui ont eu lieu. Manipulés sans précaution, ils tendent à entretenir l'idée que l'agriculture française resterait majoritairement familiale : après tout, l'exploitation moyenne française ne fait « que » 69 hectares, une paille comparée aux exploitations brésiliennes, américaines ou ukrainiennes. Rien ne serait pourtant plus trompeur que d'en rester là. Ces moyennes masquent en effet un processus de *dualisation* de l'agriculture française entre, schématiquement, l'agriculture familiale, qui reste majoritaire (mais pour combien de temps encore ?), et une agriculture que l'on pourrait qualifier « de firme », marquée par une grande hétérogénéité, mais dont la place dans le paysage ne cesse de croître. Arrêtons-nous un instant sur chacune d'entre elles. Elles constituent les deux pôles d'un continuum, bien plus que deux types d'exploitation que l'on pourrait distinguer sans erreur possible à travers les campagnes françaises.

On parle d'*agriculture familiale* lorsque c'est la cellule familiale qui, d'une part, contrôle le capital (machines, bâtiments, animaux) et, d'autre part, fournit l'essentiel du travail nécessaire à la production – la terre pouvant être louée, comme c'est le cas de 51 % de la surface agricole française, ou appartenir en propre à la famille. Suivant cette définition, 40 % de la production agricole et 37 % des fermes relèvent de l'agriculture familiale ; ce dernier chiffre atteint néanmoins près de 80 % lorsqu'on inclut dans le comptage les fermes gérées par un chef d'exploitation seul, sans salarié ni aide familial[12]. En cela, on peut encore parler d'une forme majoritaire.

12. L'ensemble des chiffres et des analyses qui suivent sont tirés du chapitre 2 dans : Purseigle, F., Hervieu, B. (2022), *Une agriculture sans agriculteurs. La révolution indicible*, Presses de Sciences Po.

D'un point de vue économique, l'enjeu premier d'une ferme familiale est de dégager un revenu annuel suffisant pour assurer la reproduction de la famille. En cas de coup dur, une ferme familiale ne va pas déposer le bilan, comme le ferait une entreprise d'un autre secteur : elle va compenser par du surtravail, sur la ferme si cela permet d'améliorer son bilan économique ; ou en dehors pour apporter des revenus extérieurs[13]. Cela explique en partie pourquoi 90 % des chefs d'exploitation déclarent faire des semaines de plus de 40 heures, et 80 % ne pas avoir de week-end, alors que les entrepreneurs du reste de l'économie ne sont que 70 % à déclarer dépasser les 40 heures de travail par semaine, et surtout moins de 40 % à ne pas avoir de week-end ! Dans bien des cas, ce surtravail permet de faire face aux investissements nécessaires pour rester dans la course à la productivité. Il a cependant un coût pour la santé, physique et mentale, des agriculteurs, chez qui le taux de suicide est l'un des plus élevés en France, toutes catégories sociales confondues. Ce point permet par ailleurs de rappeler que la transformation structurelle n'a pas été un long fleuve tranquille. La disparition de plus de 90 % des exploitations en soixante-dix ans, le remembrement des campagnes, tout cela s'est accompagné de conflits et de luttes dans les campagnes, dont beaucoup de familles et d'individus sont sortis perdants – bien que les perdants soient le plus souvent invisibilisés dans le récit dominant de la modernisation agricole. Si cette dimension sociale mériterait des développements autrement

13. Ces mécanismes ont été mis en évidence au début du XXe siècle et confirmés empiriquement à maintes reprises depuis. Voir : Tchayanov, A. V. (1990 [1924]), *L'Organisation de l'économie paysanne*, Librairie du regard, et plus récemment Cochet, H. (2017), « Séparation capital/travail, flexibilité et rémunération des facteurs de production. La fin de l'exploitation agricole familiale ? », *Économie rurale*, 357 (1), p. 7-22.

plus conséquents que ce que ce livre peut offrir, ne pas l'évoquer du tout serait une faute.

L'*agriculture de firme* se définit en négatif de l'agriculture familiale : le capital et le travail n'y sont pas pilotés par la même main, et le travail n'est pas principalement d'origine familiale. Cette définition renferme une vaste diversité de situations qui ont toutes en commun leur taille, supérieure à la moyenne : ce sont les grandes et très grandes exploitations françaises, dont la « production brute standard » – un indicateur calculé par le ministère de l'Agriculture, qui désigne un potentiel de production moyen hors subvention » – dépasse 250 000 euros par an. Les fermes de ce type représentent, en 2020, une exploitation sur cinq, soit 80 000 exploitations ; entre 2010 et 2020, leur nombre a augmenté de 3,4 % pendant que toutes les autres classes de taille diminuaient de 31 %. Leur surface moyenne est évaluée à 136 hectares – le double de la ferme « moyenne » ; elles occupent 40 % de la surface agricole française et mobilisent 45 % de l'emploi agricole total. Ces quelques chiffres ne reflètent cependant qu'imparfaitement l'essor de cette agriculture de firme. En effet, les stratégies déployées par les exploitants-chefs d'entreprise échappent pour partie aux statistiques officielles. C'est particulièrement le cas de la sous-traitance, partielle ou intégrale : celle-ci consiste pour un agriculteur à faire réaliser tout ou partie des travaux de sa ferme à une entreprise de travaux agricoles (ETA). En quinze ans, le recours à la sous-traitance a été multiplié par deux ; 77 % des grandes exploitations y ont recours, et 7 % des fermes sont aujourd'hui gérées en délégation intégrale : l'agriculteur en titre n'intervient plus directement dans la gestion opérationnelle de sa ferme, mais la confie à une entreprise. Cette montée en puissance de la sous-traitance va de pair avec l'expansion des formes sociétaires, le développement de stratégies d'intégration et l'émergence de véritables holdings agricoles. L'un des objectifs de ces évolutions est notamment de permettre l'entrée de capitaux externes afin de faciliter les reprises et de réduire les risques liés aux investissements. Résultat : des fermes encore plus grosses et plus capitalisées, où la substitution capital-travail s'accélère ; et une rationalisation du travail appuyée sur une division toujours plus forte des tâches et la dissociation des centres de décision et d'exécution.

Que nous dit cette dualisation de l'agriculture française dans la perspective d'une transition ? Premièrement, l'organisation du travail dans les fermes familiales ou dans les agricultures de firme n'offre pas les mêmes prises pour s'engager dans une transition. Schématiquement, l'agriculture familiale pourra dans bien des cas tolérer une intensification (raisonnable) du travail pour écologiser ses pratiques si cette intensification s'accompagne d'une revalorisation des prix ; elle pourra cependant difficilement faire face à des investissements supplémentaires. En vis-à-vis, les agricultures de firme pourront plus facilement se permettre des investissements supplémentaires grâce à la diversification de leurs apporteurs de capitaux. Mais la division du travail qui y règne rend délicate l'adaptation des pratiques aux observations directes (pousse de l'herbe, niveau de compaction des sols, comportement des animaux) ou encore la diversification des fermes, pourtant au cœur de stratégies de résilience. La dissociation entre centres de décision et centres d'exécution, la tâcheronisation du travail reposant sur des niveaux de qualification très faibles sont largement en cause. Dit autrement, et au risque de schématiser trop grossièrement, à l'agriculture familiale les stratégies basées sur l'agroécologie ; aux agricultures de firme celles relevant de l'intensification durable ? Nous verrons aux chapitres 4 et 5 que cela n'est peut-être pas aussi simple.

Deuxièmement, cette distinction conduit immanquablement à se questionner sur le futur : combien de temps encore va « résister » l'agriculture familiale ? Ou, dans l'autre sens : combien de temps faudra-t-il aux agricultures de firme pour s'imposer définitivement dans les campagnes françaises ? Le débat est vieux d'un siècle et demi, et il serait impossible de le résumer ici en quelques phrases. La poursuite de la coexistence entre les deux, certes de plus en plus déséquilibrée en défaveur de l'agriculture familiale, reste encore l'hypothèse la plus plausible. En effet, même si le développement des agricultures de firme s'est considérablement accéléré dans les deux dernières décennies, une part des investissements en agriculture peine encore à trouver une rentabilité suffisante pour que des investisseurs institutionnels s'y intéressent ; par ailleurs, le maintien d'un surtravail finalement mal rémunéré dans les fermes familiales est à l'avantage de tous les autres acteurs du système alimentaire[14].

Que faire, troisièmement, du problème du « renouvellement générationnel » ? En est-ce bien un ? pourrait-on demander non sans une certaine dose de provocation ; ou plutôt : pour qui en est-ce un ? D'un strict point de vue macroéconomique et sur la base d'une règle de trois, l'égalisation de la productivité économique du travail agricole avec le reste de l'économie supposerait en effet, toutes choses égales par ailleurs, une réduction supplémentaire de 25 % de la main-d'œuvre

14. Ce point était déjà souligné dans : Servolin, C. (1972), « L'absorption de l'agriculture dans le mode de production capitaliste » *in* Tavernier, Y., Gervais, M., Servolin, C. (dir.), *L'Univers politique des paysans dans la France contemporaine*, Presses de Sciences Po, p. 41-77. Et il faisait lui-même largement écho à : Kautsky, K. (1899), *The Agrarian Question*, Londres, Winchester

agricole ! De ce point de vue là, la faiblesse du renouvellement générationnel peut être vue moins comme un problème que comme une solution… C'est là encore la question du type de transition que l'on souhaite pour l'agriculture, et des marges de manœuvre économiques dont on dispose pour la faire advenir, qui est au cœur de la problématique. Que le lecteur s'arme encore d'un peu de patience : la question sera extensivement traitée dans les chapitres 4 et 5 ; il ne s'agit à ce stade que de poser les grandes variables de l'équation, dont on voit bien la complexité se dessiner.

Une chose est certaine : vu la dépendance de toutes ces formes d'agriculture aux aides publiques, les choix politiques qui seront faits auront une incidence extrêmement forte sur les trajectoires futures. En 2019, les subventions représentaient en effet 74 % du « revenu courant avant impôt par unité de travail agricole non salarié » – un indicateur calculé par les services de la statistique du ministère de l'Agriculture. Dit autrement, une fois déduit l'ensemble de ses charges de production – y compris le coût de la dette et les charges de personnel –, ce qu'il reste au chef d'exploitation pour se rémunérer est constitué à près des trois quarts par les subventions. Cette part monte même à plus de 100 % pour la plupart des exploitations les moins productives et ce alors que leur revenu reste largement en deçà du revenu moyen[15] ! La conséquence de cette situation est claire : toute baisse, toute réallocation des aides à l'agriculture, a des effets directs et importants sur l'ensemble des exploitations agricoles, qu'elles soient familiales ou de firme. C'est ce qui peut expliquer pourquoi le monde

15. Chatellier, V., « L'hétérogénéité des revenus des actifs non salariés au sein de l'agriculture française… », art. cit.

agricole semble parfois se mobiliser comme un seul homme dès lors que la question du soutien public à l'agriculture se pose – surtout quand ces changements sont envisagés au nom de la transition, comme la stratégie « De la ferme à la fourchette » l'avait suggéré[16]. Il nous faut dès lors comprendre le rôle qu'ont joué ces aides publiques dans la transformation structurelle, et comment elles s'organisent aujourd'hui.

La PAC et le marché

Quelques repères historiques

C'est qu'en effet, la transformation structurelle ne s'est pas faite toute seule : les agriculteurs français et européens ont bénéficié d'un soutien économique considérable *via* la Politique agricole commune (PAC par la suite). Élaborée et mise en œuvre au cours de la décennie 1960, réformée en profondeur en 1992 puis en 2004 (en sus de multiples autres réformes moins structurantes), la PAC a offert un environnement politico-économique favorable aux investissements *via* un soutien public important. Celui-ci a changé de forme, passant d'un soutien aux prix à un soutien aux revenus agricoles, et les montants en jeu ont graduellement baissé. Cependant, la PAC représente encore plus de 30 % du budget communautaire, soit pour la France 9 milliards d'euros par an en moyenne. La mobilisation de ces financements répond aux objectifs fixés en 1957 dans le traité de Rome, toujours en vigueur aujourd'hui :

---

16. EC (2020). *Commission staff working document. Analysis of links between CAP Reform and Green Deal*. Brussels, European Commission, SWD(2020) 93.

accroître la productivité de l'agriculture ; améliorer le revenu agricole ; stabiliser les marchés ; et fournir de manière stable une alimentation à « prix raisonnables » aux consommateurs. Sans entrer dans des détails qui deviendraient rapidement techniques – des livres et des carrières entières se dédient à la PAC ! – trois points sont à retenir.

Premièrement, au-delà de sa complexité, la PAC a pour fonction : i) d'organiser les marchés sur lesquels opèrent les agriculteurs européens ; ii) de leur donner les moyens d'y être efficaces. Entre 1962 et 1992, le marché commun s'organise autour de prix garantis, définis chaque année par la Commission européenne ; il est par ailleurs protégé du reste du monde par des barrières douanières importantes pour éviter que des importateurs tirent profit des prix maintenus artificiellement hauts. Ces dispositions favorisent la convergence des productivités au sein de l'UE, là où des disparités importantes prévalaient après-guerre. Ainsi, alors qu'en 1950 la productivité du travail agricole en France était moitié moins importante qu'au Danemark ou aux Pays-Bas, les trois pays ont convergé au milieu des années 1990[17]. Après 1992, la réforme dite « MacSharry » libéralise progressivement les échanges agricoles *via* l'abaissement des barrières douanières. Si la concurrence qui en résulte est loin d'être « pure et parfaite », dans la mesure où les soutiens publics à l'agriculture restent beaucoup plus importants en Europe que dans bon nombre de pays du monde, elle accroît sensiblement la pression compétitive sur

17. Voir Martín-Retortillo, M., Pinilla, V. (2015), « On the causes of economic growth in Europe : Why did agricultural labour productivity not converge between 1950 and 2005 ? », *Cliometrica*, 9 (3), p. 359-396. Les auteurs montrent notamment que la convergence de la productivité s'est limitée à l'Europe de l'Ouest, et n'a pas concerné, jusqu'à présent en tout cas, les pays d'Europe centrale et orientale.

les producteurs et, en conséquence, l'incitation à réaliser des gains de productivité.

Deuxièmement, la mobilisation de financements publics importants ne signifie pas que la transformation structurelle était acceptée – et encore moins souhaitée ! – par tous, ni qu'elle a été un long fleuve tranquille ! En 1965, la PAC n'en est qu'à ses débuts mais fait déjà l'objet d'âpres discussions entre États membres. Tandis que les Français plaident pour un budget agricole illimité, l'Allemagne et les Pays-Bas souhaitent un plafonnement des dépenses. Si les Français l'emporteront dans la négociation, les craintes des Allemands et des Néerlandais se révéleront rapidement fondées : les dépenses publiques liées aux prix garantis explosent en moins de cinq ans. En février 1968, l'hypothèse d'une baisse de ces prix garantis met l'ensemble des syndicats agricoles dans les rues de Bruxelles. Et en décembre de la même année, la Commission européenne présente un *Mémorandum sur la réforme de l'agriculture dans la Communauté économique européenne*, plus connu sous le nom d'*Agriculture 1980* ou encore « plan Mansholt », du nom du commissaire à l'Agriculture d'alors[18]. Si le plan vise d'abord à trouver une solution aux dépenses liées à la PAC, on peut aussi le lire comme une tentative d'accélérer le processus de transformation structurelle. Le long extrait ci-dessous parle de lui-même :

> Malgré l'augmentation de la productivité agricole, l'écart entre le revenu agricole et les revenus des autres secteurs économiques s'est en général maintenu. Compte tenu des structures actuelles

18. CEE (1968), *Mémorandum sur la réforme de l'agriculture dans la Communauté économique européenne*. Bruxelles, Archives historiques de la Commission – COM (68)1000, vol. 1968/0172, 713 p.

de production et du niveau relatif de la productivité dans l'agriculture, il y a peu de chance, même en relevant les prix, de réduire durablement cet écart (p. 7). […] Ces difficultés et le sentiment que [les agriculteurs] ont de se trouver dans une impasse expliquent le grave mécontentement des agriculteurs et font qu'ils n'accordent qu'une faible confiance à la politique actuellement suivie (p. 21). […] Le programme « Agriculture 1980 » se propose d'aider l'agriculture à sortir de [cette] position inférieure tant au point de vue économique que social [en] s'affranchissant des contraintes qui lui sont imposées par des structures de production souvent dépassées. […] La productivité du travail dans l'agriculture doit être aussi élevée que le permet l'optimum économique. Cela sera dû principalement à :
1. la réduction de la main-d'œuvre employée ; de ce fait, une meilleure rentabilité des investissements sera possible ; cette augmentation de la productivité devra permettre un relèvement des revenus agricoles dont une partie plus grande qu'actuellement pourra être utilisée à procurer aux agriculteurs des conditions de vie comparables à celles des non-agriculteurs (p. 29). […]
2. des mesures importantes et convergentes devront [aussi] être prises en vue de mettre en place des entreprises agricoles dont les dimensions économiques soient suffisantes. La création de ces exploitations nouvelles et leur maintien impliqueront que les surfaces qui leur sont nécessaires soient mises à leur disposition dans des conditions acceptables (p. 35) ».

Le plan Mansholt rencontrera une opposition forte de la part de la France et du syndicalisme majoritaire et ne sera pas mis en œuvre. Sa discussion a cependant permis de révéler les différences de visions entre États membres quant au rôle de la PAC, et plus fondamentalement de l'agriculture dans la société. D'un côté, les Français défendent à travers la loi d'orientation agricole de 1962 une agriculture familiale, dont la taille doit rester compatible avec une logique patrimoniale. Ils sont proches en cela des Italiens et, dans une moindre mesure, des Allemands. De leur côté, les Néerlandais, rejoints par les Danois lors du premier élargissement, mettent l'accent sur l'importance des gains de productivité. Ils se revendiquent agnostiques sur la structure juridique – familiale ou capitalistique – des fermes, mais insistent sur l'importance de rapidement abaisser les barrières douanières pour favoriser ces gains de productivité.

Dans ce contexte, Mansholt se révèle d'une grande lucidité quant au caractère socialement inflammable de la situation de l'agriculture, et quant à la nécessité de poser des choix politiques clairs pour y répondre, comme il le défendra devant le Parlement européen : « Ce que nous devons faire à présent, c'est mener une politique très concrète [...]. Autrement dit, la Communauté, chacun de ses organes et toutes les organisations communautaires se trouvent devant un choix politique. J'ajouterai que les agriculteurs attendent que l'on fasse ce choix. [...] Or ce choix est extrêmement délicat[19]. »

Cinquante-cinq ans plus tard, la réaction de la Commission européenne à la crise agricole de l'hiver 2023-2024 semble illustrer l'extrême difficulté à faire un tel choix, à le rendre lisible, et à le traduire en mesures concrètes. En effet, face à l'échec de la stratégie « De la ferme à la table », la présidente de la Commission a lancé un dialogue stratégique sur l'avenir de l'agriculture européenne. Celui-ci devait permettre, en six mois, de « forger une vision *partagée*[20] pour l'agriculture européenne » devant ensuite servir de guide pour le nouveau

---

19. Parlement Européen (1969). Séance du 22 janvier 1969. *JO des Communautés européennes*, Janvier 1969 (110), 28-68.
20. C'est moi qui souligne.

mandat de la Commission. Si le processus lui-même a pu être salué, c'est peu de dire que son résultat n'a pas fait l'unanimité espérée, notamment de la part des acteurs agricoles qui estiment y avoir été sous-représentés[21].

Troisièmement, les implications environnementales et sanitaires du développement agricole tel que favorisé par la PAC ne sont devenues un sujet d'attention que très tardivement, et de manière bien imparfaite. L'absence totale de toute référence aux enjeux environnementaux dans le plan Mansholt est en soi une indication du peu de cas qui était fait de ces questions. Par ailleurs, les alertes lancées çà et là, même à très haut niveau, n'auront que peu d'effets à court terme. Ainsi, par exemple, du rapport Poly, du nom de son auteur, qui deviendra quelques semaines après la parution directeur général de l'INRA :

> Notre agriculture se révèle quelque peu essoufflée à la suite d'une longue course à la productivité entamée dès la fin de la Seconde Guerre mondiale. […] Dans certaines zones, la teneur en matière organique des sols risque de poser problème à terme [du fait] de la diminution des restitutions par suppression des fumiers [et de] la régression des prairies ; […] l'emploi des pesticides divers est devenu courant pour tous les praticiens […] mais n'est pas sans poser quelques problèmes : rémanence des produits utilisés ; incidence […] sur la qualité biologique des produits récoltés ou sur les composantes biologiques de l'environnement[22].

Poly plaide en ce sens pour des mesures qui permettraient de « rendre notre agriculture moins fragile, plus économe, plus raisonnée dans ses pratiques, plus soucieuse de son avenir à

21. EC (2024), *Strategic Dialogue on the Future of EU Agriculture. A Shared Prospect for Farming and Food in Europe*, Bruxelles.
22. Poly, J. (1978), *Pour une agriculture plus économe et plus autonome*, INRA.

longue échéance ». Pourtant, ce n'est qu'à la fin des années 1990 que débutera le « verdissement » de la PAC. Sont ainsi instaurées, d'une part, des mesures rémunérant les pratiques vertueuses dans le cadre d'un « deuxième pilier » de la PAC, dont le budget restera limité. D'autre part, à partir de 2006, le versement des subventions agricoles se voit conditionné au respect des principales directives environnementales en place. Parmi celles-ci, citons la directive nitrates (sur les surplus azotés) de 1991, les directives habitats et oiseaux (sur la protection des espèces et des habitats naturels) de 1979 et 1992, ou encore la directive-cadre sur l'eau (sur la qualité et la quantité d'eau dans les cours d'eau et les aquifères) de 2006. Cependant, outre que cette tentative d'intégration arrive tardivement (près de quarante ans après les débuts de l'intensification agricole et bien après les premières alertes), elle souffre de deux limites importantes. Elle est d'une part d'une grande complexité administrative pour les principaux concernés, à savoir les agriculteurs, tout en fixant des objectifs de moyens plus que de résultats. D'autre part, le cadre commercial international en place, issu des accords du GATT de 1947, rendait dès le départ très difficile une généralisation des ambitions environnementales de l'Union européenne à l'ensemble des acteurs agricoles internationaux. Consciente de cela, et soucieuse de ne pas soumettre ses agriculteurs à un cadre concurrentiel trop défavorable, la Commission européenne a été conduite à fixer des objectifs agroenvironnementaux contraignants relativement mesurés – ce qui ne l'a pas empêchée de faire des annonces autrement ambitieuses. Dit autrement : puisque l'Union européenne ne peut exiger des autres puissances agricoles qu'elles respectent les mêmes normes que ses agriculteurs ; puisque les agriculteurs européens sont en compétition *sur les mêmes marchés* internationaux ; et puisque des objectifs environnementaux ambitieux sont coûteux à atteindre et dégraderaient la compétitivité de l'agriculture européenne ; les objectifs contraignants fixés à l'agriculture européenne sont restés, jusqu'à aujourd'hui, relativement limités. Il est souvent dit, et c'est tout à fait exact, que ces objectifs sont déjà parmi les plus ambitieux au monde. Comme le chapitre 2 l'a montré, cela ne résout malheureusement pas les redoutables questions d'adaptation et de maintien de la productivité des agroécosystèmes à long terme que nous oblige à poser le changement global. Dans un contexte où prédomine la recherche des gains de productivité, le fait que l'agriculture se soit développée comme elle l'a fait pendant plus de cinquante ans et les impacts que cela a eus – positifs pour l'économie, majoritairement négatifs pour l'environnement – ne peuvent pas être une surprise. Dans ce processus, la minoration des enjeux environnementaux et sociaux, voire leur invisibilisation, a limité leur prise en compte dans les politiques agricoles et plus encore dans l'organisation des marchés. Le niveau d'incitation et de contrainte pour intégrer, ou, mieux encore, valoriser ces dimensions dans la conduite des fermes, s'en est trouvé plus que faible.

La PAC aujourd'hui

Quelques mots sur l'organisation de la PAC actuelle. On l'a vu, *via* les soutiens publics dont elle organise la distribution, la PAC constitue un point d'appui essentiel pour l'équilibre économique des fermes en France et en Europe : les subventions représentent en moyenne 74 % du revenu avant impôt pour les agriculteurs français, 63 % au niveau européen (avec de très fortes disparités entre secteurs et entre pays). Trois aspects nous intéressent ici : la négociation de l'ambition environnementale de la PAC actuelle ; la gouvernance de sa mise en œuvre ; et les instruments concrets avec lesquels elle soutient les agriculteurs et participe (un peu) du verdissement de l'agriculture.

La PAC et son budget sont d'abord négociés tous les sept ans par les États membres. Ces négociations fixent également la part du budget que recevront les États ; ces derniers le distribueront ensuite à leurs agriculteurs en respectant les règles fixées collectivement – notamment en matière environnementale et sociale. La partition d'un pays comme la France dans cette négociation est la même depuis au moins trois décennies : maximiser l'enveloppe totale de la PAC et la part de l'enveloppe qui lui revient ; et minimiser les contraintes qu'il devra ensuite imposer à ses agriculteurs. Trois facteurs expliquent cette stratégie, dont deux intéressent directement cet ouvrage : une logique strictement budgétaire, car la PAC est la politique permettant le meilleur *taux de retour* pour la France (c'est-à-dire le rapport entre le montant de sa contribution et le montant qu'elle reçoit) ; une logique politique, afin de minimiser le potentiel de contestation de la part d'agriculteurs qui gardent une capacité de mobilisation importante ; une logique économique, enfin, qui vise à soutenir la compétitivité des agriculteurs français dans un contexte marqué par une forte concurrence sur les marchés agricoles en l'absence (ou quasi-absence) de normes environnementales collectives[23]. De même que la France, chaque pays joue sa propre partition, dans laquelle la dimension budgétaire est souvent

23. Voir à cet égard Régnier, E., *et al.* (2024), « PAC et négociations budgétaires européennes : comment la position française pourrait-elle évoluer sous l'effet de chocs importants ? », *Iddri. Study*, 1, 16.

prépondérante au vu des montants en jeu. Il en résulte des dépendances au sentier extrêmement fortes, qui font de la négociation de la PAC un marchandage budgétaire bien plus qu'une discussion sur les visions et ambitions. Et dans lesquelles, en conséquence, la question du type de transition que les États souhaitent ou craignent, joue souvent les seconds rôles.

Deuxièmement, dans ce contexte, la Commission européenne a introduit en 2023 un nouveau modèle de mise en œuvre pour la PAC. Celui-ci vise à renforcer la *subsidiarité* en introduisant une logique de responsabilisation des États membres : les objectifs environnementaux sont fixés à Bruxelles, à l'échelle de l'Union. Charge ensuite aux États membres de démontrer comment ils vont contribuer à les atteindre à travers des mesures définies à l'échelle nationale. Dans leur ensemble, les « plans stratégiques nationaux » soumis par les États membres, qui définissent lesdites mesures, ont cependant été largement en deçà du niveau d'ambition collective visé par la Commission[24].

Regardons pour finir comment les instruments de la PAC intègrent plus concrètement ses (maigres) ambitions environnementales. L'écrasante majorité du budget de la PAC (75 %) est d'abord distribuée à travers le « fonds de garantie » et concerne, pour l'essentiel, le « soutien au revenu ». Le versement de ce soutien est conditionné au respect, d'une part, des directives environnementales existantes et, de l'autre, de neuf « bonnes pratiques agroenvironnementales » définies dans la PAC. La complexité administrative de ce système en a fait une

24. Midler, E., *et al.* (2023), *Environmental and climate assessments of CAP Strategic Plans*, Bruxelles, IEEP.

cible récurrente tant de la part des acteurs d'environnement, qui dénoncent son inefficacité, que des syndicats agricoles qui lui reprochent sa lourdeur. Au printemps 2024, ce qui restait de son ambition environnementale a été encore raboté à la suite des manifestations agricoles de l'hiver. Depuis 2023, les États membres doivent également faire en sorte que 25 % du budget dédié au soutien au revenu finance des pratiques vertueuses sur le plan environnemental à travers des « écorégimes ». Cependant, les États sont libres de définir les pratiques qu'ils veulent soutenir à l'intérieur d'un cadre – vaste et souple – fourni par la Commission européenne. Le ministre de l'Agriculture français avait par exemple fait savoir qu'il souhaitait que 80 % des agriculteurs puissent avoir accès à l'écorégime sans changement de pratiques. Ce afin de ne pas déstabiliser leur fragile équilibre économique. La transition, ce sera donc pour plus tard.

Les 25 % restants du budget de la PAC sont gérés par le « fonds pour le développement rural ». En France, seuls 25 % de ces 25 % sont dédiés à des mesures directement favorables à l'environnement dont l'efficacité est reconnue, malgré des coûts de transaction très élevés : les mesures agroenvironnementales et climatiques. Le reste des montants soutient les agricultures en zones défavorables – pour leur permettre de rester compétitives ; l'investissement – pour favoriser les gains de compétitivité ; ou encore l'assurance-récolte – pour faire face aux aléas climatiques croissants.

En définitive, la PAC actuelle continue de jouer un rôle majoritairement économique, en soutenant le revenu, la compétitivité des zones marginales ou encore l'investissement. Instrument majeur de la transformation structurelle, la forme qu'elle devrait prendre pour favoriser la transition sera évoquée dans la conclusion de cet ouvrage.

L'industrie pousse (aussi) à la roue

Mais la PAC et l'organisation des marchés n'ont pas été les seuls moteurs d'une transformation structurelle longtemps ignorante des enjeux environnementaux. L'industrie agroalimentaire a également joué un rôle fondamental, bien qu'elle soit restée largement hors champs des politiques agricoles – et qu'elle échappe encore trop souvent à la réflexion sur les transformations du système alimentaire.

L'industrie a en effet dû se réorganiser pour gérer un flux croissant de matières premières agricoles en amont, et plus généralement pour faire face à deux problèmes : comment croître sur un marché intérieur bientôt structurellement saturé ? Comment passer d'une matière première agricole pondéreuse, périssable et hétérogène, à des produits de consommation faciles à manipuler, stables et aisément identifiables ?

Le problème de la croissance devient rapidement central pour les industries agroalimentaires. En effet, le marché alimentaire commence à saturer dès le milieu des années 1970 : tandis que la croissance démographique se tasse, les situations de sous-alimentation se raréfient à mesure que les prix alimentaires baissent (même si la précarité alimentaire est de nouveau à la hausse depuis le début des années 2020, à la faveur de la crise du Covid puis du retour de l'inflation). Dans ce contexte, vendre toujours *plus* de nourriture est un défi que doivent relever les industriels.

Le second problème rencontré par les industriels est d'ordre logistique autant qu'industriel et commercial. L'industrialisation des *process* de transformation alimentaire suppose en effet une standardisation des recettes et des matières premières ; en vis-à-vis, les produits obtenus trouvent d'autant plus facilement preneurs sur les étals que leur temps de présence en magasin sera allongé et qu'ils seront aisément identifiables par les consommateurs. Face à ces deux problèmes, les acteurs de l'industrie agroalimentaire ont combiné de manière variable selon les secteurs quatre types de réponses.

Une première réponse, sans doute la plus structurante, a reposé sur l'adoption d'un *process* industriel en deux étapes. Dans une première phase, dite de décomposition, les matières premières agricoles sont transformées en ingrédients les plus homogènes, stables et simples à gérer logistiquement ; dans la seconde, dite de reformulation, ces ingrédients sont assemblés pour fabriquer des produits de plus en plus complexes, dont l'origine agricole devient plus difficile à retracer[25]. Le lait et la crème sont par exemple séparés à l'entrée de toute laiterie ; la crème est alors transformée en beurre, ou réincorporée au lait dans une proportion parfaitement connue et maîtrisée pour faire du lait entier ou demi-écrémé, tandis que le lait est converti en poudre pour être utilisé – par exemple – en pâtisserie industrielle. Les blancs et les jaunes d'œufs sont eux aussi séparés avant d'être réduits en poudre et envoyés en pâtisserie ; et l'amidon, le gluten ou d'autres sucres ou protéines sont extraits des grains pour être ensuite utilisés comme agents de saveur ou texturants. L'automatisation joue ici un rôle déterminant ; elle a en retour des effets structurants sur l'agriculture. L'exemple de l'automatisation d'une chaîne d'abattage-découpe l'illustre bien. Celle-ci suppose des animaux conformés de

25. Soler, L.-G., *et al.* (2011), « Organisation industrielle et durabilité », *in* Esnouf, C., Russel, M., Bricas, N. (dir.), *DuALIne. Durabilité de l'alimentation face à de nouveaux enjeux. Questions à la recherche*, INRA-Cirad, pp. 85-95.

manière homogènes, pour éviter que la chaîne ne s'enraye dès la moindre irrégularité. Pour cela, les élevages se basent progressivement sur des souches génétiques standardisées ; une alimentation parfaitement ajustée aux besoins de la génétique ; ainsi que des lots plus gros et au plus près de l'abattoir pour réduire les coûts de transport et de logistique.

La segmentation toujours plus poussée des marchés vers l'aval a constitué une deuxième réponse. Elle se distingue radicalement de la diversité qui caractérisait historiquement les marchés agricoles, où une multitude de petits producteurs mettaient sur le marché des produits typés et hétérogènes ; elle permet surtout de renouveler sans cesse la nature des produits mis en marché et de justifier ainsi de leur valeur par leur côté « nouveau ». Elle suppose des investissements importants dans la R&D et le marketing. Au final, les gains de productivité réalisés dans les usines ont été plus que compensés par le développement de ces nouvelles fonctions. Résultat : alors que les volumes produits par les industries agroalimentaires françaises sont globalement stables depuis quinze ans, le nombre d'emplois a augmenté de plus de 10 % ! Pour le dire autrement, et pour contraster avec le maillon agricole, la productivité *physique* des industries agroalimentaires a baissé : elles traitent des volumes équivalents avec *plus* de personnels ; mais leur productivité économique, elle, a continué d'augmenter. On peut le dire encore d'une autre manière : l'innovation produit, appuyée sur le processus de déconstruction/reformulation, permet un découplage entre productivité physique et productivité économique du travail que n'a jamais connu l'agriculture.

Troisième réponse, l'internationalisation des entreprises les plus grandes leur a permis d'étendre leur marché et de trouver des relais de croissance. Si ces grands opérateurs ne représentent qu'un tout petit nombre d'entreprises (environ 1 %), ils concentrent un peu plus de 40 % des emplois et génèrent près de 55 % de la valeur ajoutée. Ils ont à cet égard une influence réelle sur l'organisation des marchés, amont et aval. Car l'internationalisation de ces grandes entreprises ne concerne pas que leurs débouchés : ce sont aussi leurs stratégies d'approvisionnement en matières premières qui ont pris un tour mondial, afin de minimiser leurs coûts de production.

Cette mise en concurrence des producteurs pour réduire les coûts peut finalement être vue comme une dernière stratégie de la part des industries agroalimentaires. Si c'est particulièrement le cas des entreprises très internationalisées, et pour les matières premières dont les faibles coûts de transport autorisent des déplacements de grande ampleur, cela reste vrai pour toutes les entreprises et à tous les niveaux. Et cette pression à la baisse sur des prix agricoles indexés sur les marchés mondiaux fait l'objet d'échanges souvent vigoureux entre les parties prenantes, volontiers médiatisés.

Le récit politique à ce sujet peut être résumé comme suit : face au pouvoir de marché des acteurs industriels, eux-mêmes sous la pression de la grande distribution[26], les agriculteurs seraient contraints de vendre leur production à des

26. La grande distribution influence de deux manières les stratégies des industriels. Elle pousse d'une part les prix à la baisse en faisant valoir les volumes qu'elle achète et sa relation directe aux consommateurs. D'autre part, le développement des « marques distributeurs » (35 % du marché en valeur) a permis aux distributeurs de devenir donneurs d'ordre pour une part importante de l'industrie, réduite au rôle de sous-traitant. Voir, pour la France, Moati, P. (2010), « La poussée des marques de distributeurs sur le marché alimentaire : interprétations et perspectives », *Revue d'économie industrielle*, 131, p. 133-154, et, pour l'international, Burch, D., Lawrence, G. (2005), « Supermarket own brands, supply chains and the transformation of the agri-food system », *International Journal of Sociology of Agriculture and Food*, 13 (1), p. 1-18.

prix insuffisants pour générer un salaire décent – sans même parler d'adopter des pratiques plus vertueuses. Face à cela, il conviendrait d'« améliorer la position des agriculteurs dans la chaîne alimentaire », comme le réclamait un groupe d'experts mandaté par la Commission européenne[27], voire, comme le promettait Emmanuel Macron, d'« inverser la construction du prix dans les négociations commerciales par la loi [pour] partir des coûts de production[28] ». De fait, les acteurs de l'aval ont bien capté l'essentiel des gains de productivité agricole des années 1970 au début des années 2000[29] ; et l'existence de surmarges est toujours avérée chez certains des plus gros opérateurs de l'agro-industrie et plus encore dans la distribution. Cependant, sur les vingt dernières années, les relations commerciales ont été, en moyenne, bien moins défavorables aux agriculteurs que par le passé[30].

Si la pression de l'aval existe bel et bien, elle ne peut donc être vue comme le facteur principal du faible revenu agricole. En revanche, les évolutions du modèle productif de l'industrie ont bien joué un rôle clé pour accompagner la transformation structurelle de l'agriculture française : réduction du nombre de matières premières utilisées, augmentation des volumes et homogénéisation des productions, afin de pouvoir appliquer les mêmes recettes dans des usines dont la taille croissait…

---

27. Agricultural Market Task Force (2016), *Improving Market Outcomes : Enhancing the Position of Farmers in the supply chain*, Bruxelles, European Commission.
28. Macron, E., « Discours de Rungis sur les États généraux de l'alimentation », art. cit.
29. Butault, J.-P. (2008), « La relation entre prix agricoles et prix alimentaires », art. cit.
30. Voir Caraes, D. (2022), « Productivité de l'agriculture française en panne : quels impacts dans la filière agroalimentaire ? », *Analyses et perspectives*, 2206, p. 7.

Ces exigences de l'aval se sont retrouvées particulièrement en phase avec la dynamique de simplification/spécialisation/concentration des fermes engagée dès la fin des années 1960, que l'industrie a largement encouragée dans une sorte de « coévolution » harmonieuse. Elles ont aussi, dans une certaine mesure, rencontré les attentes changeantes des consommateurs, tout en contribuant à les façonner.

De la fourche à la fourchette

Car si l'industrie a accompagné les transformations de l'agriculture, elle a aussi eu des effets massifs sur nos manières de manger ! Trois aspects en particulier semblent significatifs.

C'est d'abord ce que nous mettons dans nos assiettes qui a changé. Plus de produits animaux, moins de céréales et de pommes de terre, et surtout trop peu de fruits et légumes, comme on l'a vu au chapitre précédent. Mais c'est aussi la forme sous laquelle nous mangeons ces produits qui a évolué : les produits bruts ne représentent plus que 10 % des calories que nous ingérons, alors que les produits très transformés sont passés de moins de 15 % en 1991 à plus de 35 % en 2015[31]. Témoin de ce changement sur le plus long terme, la consommation d'huiles végétales par personne a pratiquement doublé entre 1960 et 2015. Ces huiles sont en effet une composante essentielle des plats préparés et plus généralement des produits très transformés du fait de leur rôle d'exhausteur de goût. Ces changements ont touché la majorité des pays développés

31. Davidou, S., *et al.* (2020), « The holistico-reductionist Siga classification according to the degree of food processing : An evaluation of ultra-processed foods in French supermarkets », *Food and Function*, 11 (3), p. 2026-2039.

depuis les années 1960. Certains économistes désignent par « transition nutritionnelle » ce processus au cours duquel la consommation des produits animaux, d'huile et de sucre augmente linéairement avec le PIB par habitant, tandis que celle des produits de base (céréales, légumes secs) baisse en proportion inverse. Le résultat : des régimes alimentaires trop riches et déséquilibrés, ferment du développement important des maladies chroniques ayant aujourd'hui un statut quasi épidémique : diabète, obésité, accidents cardio-vasculaires[32].

Deuxièmement, ces changements se reflètent dans nos budgets alimentaires. Les dépenses alimentaires ne représentent plus que 16 % du budget des ménages depuis le début des années 2000 contre 30 % dans les années 1970. Cette baisse du poids de l'alimentation dans le budget des ménages est souvent mise en avant comme une « preuve » que les Français porteraient trop peu d'intérêt à ce qui se passe dans leur assiette. Elle masque pourtant le fait que, en valeur absolue et en termes réels – c'est-à-dire corrigés de l'inflation –, les dépenses alimentaires des ménages ont régulièrement augmenté : + 1 % par an en moyenne entre 1970 et 2015 (entre 2015 et 2020, ce chiffre se stabilise ; il décroît depuis 2021 du fait de l'inflation). Pour bien comprendre ce qui se joue, il faut introduire les variables essentielles expliquant le coût du panier, et leur contribution respective au fil des années : la composition du panier, en quantité et qualité de biens alimentaires ; le niveau des prix réels ; et le niveau des pertes et gaspillage.

À cet égard, la hausse des dépenses observée entre 1970 à 2010 traduit deux dynamiques contradictoires : en termes réels,

32. Popkin, B. M. (2006), « Global nutrition dynamics : The world is shifting rapidly toward a diet linked with noncommunicable diseases », *The American Journal of Clinical Nutrition*, 84 (2), p. 289-298.

les prix alimentaires ont baissé de 10 % entre 1979 et 2005 pour se stabiliser depuis ; mais cette baisse a été plus que compensée par la modification de composition du panier, tirée par une hausse de la consommation des produits transformés d'une part, des produits animaux de l'autre. Ces derniers constituent ainsi le premier poste de dépense alimentaire en 2019 : 21 % pour la viande, 13 % pour les laitages et les œufs, et 6 % pour le poisson, soit 40 % au total. Ces chiffres reflètent, au passage, l'importance économique de l'élevage en amont de la chaîne de valeur, qui concentre 47 % des actifs agricoles et 35 % de ceux dans l'agroalimentaire.

Derrière ces moyennes sur la consommation, les écarts entre groupes sociaux sont par ailleurs très importants[33]. Il y avait ainsi en 2019 un facteur trois entre les dépenses mensuelles du premier décile – les 10 % de la population française aux revenus les plus faibles – et celles du dernier décile – les 10 % aux revenus les plus élevés : 210 euros par mois contre 600 euros par mois. La précarité alimentaire toucherait ainsi 10 à 20 % des ménages français, selon les sources de données. Ces inégalités économiques se répercutent sur la composition du panier : alors que la consommation de produits carnés se révèle étonnamment stable à travers les différentes catégories sociales, les fruits et légumes sont très largement sous-consommés à mesure que l'on descend dans les déciles les plus modestes, de même que les produits laitiers, les produits de la mer, et plus généralement les produits sous signe de qualité (« bio », label rouge, produits de terroir…). L'une des causes de la sous-consommation de ces produits reste le différentiel de

33. Les chiffres qui suivent sont tirés pour l'essentiel de la synthèse présentée dans : Brocard, C., *et al.* (2022), « Pratiques alimentaires durables : un autre regard sur et avec les personnes modestes », *Iddri. Décryptages*.

prix, estimé à 66 % en moyenne entre 2016-2018. Il existe cependant une forte variabilité entre catégories de produits : en 2022, le lait bio n'est ainsi « que » 22 % plus cher que son homologue conventionnel, tandis que le sucre bio se négocie à plus de trois fois le prix du conventionnel[34] !

Troisièmement, cette « transition nutritionnelle » a pour corollaire une augmentation significative du gaspillage alimentaire. En effet, la baisse des prix alimentaires en termes réels et la hausse générale du niveau de vie ont fait perdre à l'alimentation une partie de sa valeur sociale. Plus de 25 % des produits destinés à l'alimentation humaine sont ainsi perdus tout au long de la chaîne alimentaire européenne. Là encore, le phénomène n'est pas propre à la France ni à l'Europe : pour plus d'une centaine de pays entre 1962 et 2013, plus l'alimentation est bon marché, plus le taux de pertes et gaspillages augmente[35]... Sans compter que, d'un point de vue strictement économique, le gaspillage est moins un problème qu'une solution : cela accroît la demande et stimule la production à l'amont...

Conclusion : quelle économie pour la transition ?

Les paragraphes qui précèdent illustrent d'abord une idée simple mais lourde de conséquences : on ne peut tout simplement pas dissocier ce qui se passe chez les agriculteurs, chez

34. Barry, C., *et al.* (2024), *Transformations de l'agriculture et des consommations alimentaires*, Insee-Agreste, p. 117.
35. Voir Benton, T. G., Bailey, R. (2019), « The paradox of productivity : Agricultural productivity promotes food system inefficiency », *Global Sustainability*, 2, p. 1-8.

les industriels et chez les consommateurs. Les transformations agricoles ont eu des effets tant dans l'agro-industrie que dans les pratiques alimentaires, et les changements dans l'industrie comme chez les consommateurs ont en retour accéléré ou freiné certaines évolutions du côté des agriculteurs. Ou, pour le dire plus simplement, ce qui se passe chez les uns a des effets sur les autres, et *vice versa, via* des boucles de rétroactions nombreuses, qui tendent à donner un pouvoir croissant aux acteurs de l'aval – industrie et grande distribution.

En termes de transition, le corollaire est à la fois simple dans sa logique, et terriblement complexe si l'on songe à sa mise en pratique ; il est difficile d'envisager un changement des pratiques agricoles sans transformation *simultanée* de l'agro-industrie et des pratiques alimentaires. En 2021, invitée à la présentation d'un rapport coordonné par l'Iddri sur la transition juste du système alimentaire français, la directrice de La Coopération agricole avait alors évoqué le « mikado » de la transition – en référence à ce jeu dans lequel l'objectif est de se saisir de tiges de bois une par une sans faire bouger les autres, alors qu'elles sont enchevêtrées en tas au milieu de la table.

Ce chapitre montre aussi que le secteur agricole est, d'un point de vue économique, « comme les autres » : la productivité *économique* du travail doit y croître, et la masse de capital en fonction doit augmenter. Résumons rapidement les implications pour les trois « maillons » passés en revue dans ce chapitre.

Au maillon agricole, c'est la combinaison entre rendements, niveau de motomécanisation et niveau des prix qui explique si, et comment, peut être surmontée cette contrainte. Historiquement, c'est l'augmentation de la productivité *physique* (combinant hausse des rendements et motomécanisation) qui a permis de tirer la productivité *économique* vers le haut malgré la baisse continue des prix réels. Mais si les rendements stagnent, voire baissent, le degré de motomécanisation ou le niveau des prix devront augmenter en proportion pour au moins compenser cette baisse. Le risque, sinon, serait que l'écart de revenu entre l'agriculture et le reste de l'économie ne croisse, alors qu'il s'est très fortement réduit au cours de la seconde moitié du XXe siècle en Europe.

Cependant, augmenter le niveau de mécanisation soulève trois questions : celle du besoin d'investissement, pour un secteur déjà fortement capitalisé ; celle des investisseurs prêts à s'engager dans le secteur ; et celle de la taille des structures à même d'absorber ces investissements dans un contexte où l'agriculture « familiale » semble toujours un horizon politique indépassable. Quant à la possibilité d'augmenter le niveau des prix, elle fait partie des options discutées *en théorie* : en France, à travers les promesses de la loi dite « EGalim », qui doit permettre de rééquilibrer les rapports entre acteurs des chaînes alimentaires, ou au niveau européen à travers la directive dite « sur les pratiques commerciales déloyales dans les chaînes alimentaires ». Cependant, cela n'a jusqu'à présent que peu de traductions *pratiques*. Le fait que les marchés de matières premières agricoles soient pour partie organisés à l'échelle internationale n'est pas étranger à l'absence de résultats à date : les prix résultent à la fois d'équilibres offre-demande de plus en plus volatils, et de la course internationale à la baisse des coûts de production, dans laquelle l'Europe ne fait plus la course en tête. Au-delà de la productivité du travail, c'est aussi le positionnement international en termes de compétitivité-prix qui doit faire l'objet d'une attention particulière pour penser la transition.

Il faut dire que, plus en aval, les agro-industriels aussi doivent composer avec la concurrence internationale : le marché domestique, que l'on a longtemps pensé captif, est en effet de plus en plus lorgné par les exportateurs de tous pays – Union européenne comme pays tiers. Or la compétitivité de l'industrie tient d'abord à sa capacité à réduire ses coûts d'approvisionnement, qui représentent l'essentiel des coûts de production. Beaucoup font ainsi en sorte que le prix payé aux producteurs européens soit celui qui s'établit sur les marchés mondiaux. Les gains de productivité du travail dans l'industrie ont ensuite été obtenus dans les premières décennies de la transformation structurelle en accroissant la productivité *physique*, comme en agriculture, c'est-à-dire par l'automatisation des chaînes de transformation. Mais les industriels ont également investi dans des stratégies de segmentation des marchés basées sur l'innovation produit et la complexification des *process* alimentaires : c'est ce qui a leur permis des gains de productivité *économique* sans gains de productivité *physique* – c'est-à-dire un découplage entre valeurs et volumes. Dans tous les cas cependant, les besoins vis-à-vis du maillon agricole sont les mêmes : des produits plus standards, en plus grands volumes, au plus bas prix possible. Pour l'industrie, une transition adossée à la diversification des systèmes et l'adaptation plus fine des cultures aux contextes pédoclimatiques (c'est-à-dire définis par la température, les régimes de précipitation et la qualité des sols) poseraient des difficultés importantes, comme nous l'avons par exemple documenté dans la région Grand Est[36]. C'est là encore un

36. Gardin, B., *et al.* (2024), *Quelle stratégie d'adaptation et de transition bas-carbone pour le secteur des grandes cultures en Champagne-Ardenne ?*, Iddri/Terrasolis.

point qui demande une attention particulière dans la définition de stratégies de transition.

Reste alors les consommateurs – modulo la grande distribution. Outre les multiples enjeux qui interviennent dans leurs choix alimentaires – praticité, goûts, santé, plaisir, distinction sociale… – ces derniers ont une contrainte de budget évidente. Toute augmentation du niveau des prix alimentaires a en effet des répercussions sur l'ensemble de leurs consommations, avec à la clé deux questions, micro- et macroéconomiques. Sur le plan microéconomique, il s'agit de savoir si, et comment, les ménages peuvent absorber une hausse des prix ? Pour les 20 % des plus modestes, qui peinent déjà à joindre les deux bouts, c'est mission impossible. Pour tous les autres, un changement de composition du panier vers moins de produits animaux, associé à une réduction du gaspillage à la maison, permettrait d'absorber une partie du surcoût[37]. La bonne nouvelle, c'est que ce sont deux changements de pratique nécessaires également à la transition sur le plan biophysique (voir chapitre 2). La conséquence, c'est que la transition du secteur agricole ne peut donc pas non plus se faire sans changement dans les pratiques alimentaires.

Reste cependant la dimension macroéconomique. Toutes choses égales par ailleurs, un ménage devant consentir à une hausse de son budget alimentaire doit baisser d'autant ses dépenses pour d'autres biens de consommation. Sur le plan macroéconomique, la généralisation d'une telle situation impliquerait un choc de demande *négatif* pour les autres secteurs de l'économie, qui les mettrait en retour en difficulté. Dit autrement, la transition du système alimentaire a

37. Rogissard, L., *et al.* (2021), *Une alimentation plus durable augmente-t-elle le budget des consommateurs ?*, I4CE.

non seulement des contraintes *internes*, mais elle doit aussi composer avec le fonctionnement du *reste* de l'économie.

En quoi une transition basée sur plutôt l'agroécologie ou plutôt sur l'intensification durable permet-elle de composer avec ce jeu de contraintes ? Quels sont les atouts et les limites de chacune de ces approches ? C'est à ces questions que nous nous attelons dans les deux chapitres qui viennent.

CHAPITRE 4

Produire encore plus ?

La pomme de discorde des rendements

Notre parcours jusqu'ici le montre : les rendements – ou plutôt la recherche d'une hausse continue des rendements – sont au cœur du fonctionnement du système agricole. C'est bien leur hausse sans précédent entre 1950 et 2000 qui a d'abord rendu possibles la transition alimentaire, le développement d'une industrie structurante pour l'économie française, la hausse du revenu agricole… C'est encore leur stagnation depuis près de trois décennies qui pèse sur la productivité du travail agricole, contribuant aux difficultés économiques des producteurs. C'est enfin la crainte de les voir baisser davantage qui a nourri la contestation du Pacte vert européen durant les manifestations de l'hiver 2023-2024.

Dans ce contexte, la promesse de l'intensification durable, telle que portée par plusieurs dirigeants agricoles est simple : mobiliser les nouvelles technologies pour augmenter les rendements tout en réduisant les impacts sur l'environnement. Compte tenu de l'importance des rendements dans l'organisation du système alimentaire, on comprend que son pouvoir de séduction est grand ! Ce chapitre retrace les origines de l'intensification durable pour éclairer quelques questions essentielles : que fait l'intensification durable aux fermes, aux industries agroalimentaires ou aux consommateurs ? À quel point l'intensification durable l'est-elle, justement, au regard des objectifs auxquels doit contribuer le système alimentaire – du revenu agricole à la fourniture d'une alimentation saine et abordable, en passant par la préservation de la biodiversité et la contribution à la lutte contre le changement climatique ? Jusqu'où peut-on aller dans l'intensification durable en Europe, compte tenu des limites agronomiques identifiées au chapitre 2 ? Y a-t-il des risques à s'engager sur une telle trajectoire, et si oui de quelle nature sont-ils ? Une fois montré que l'idée d'intensification durable avait initialement pour champ d'application les pays du Sud, et notamment l'Afrique subsaharienne, ce chapitre insistera sur la cohérence de cette promesse avec l'organisation actuelle de notre système alimentaire comme sur les limites à son déploiement.

Augmenter durablement les rendements ? Une question globale

À l'échelle mondiale, la question de savoir s'il faut, ou non, augmenter les rendements semble tranchée. La FAO n'a-t-elle pas annoncé au début des années 2010 qu'il faudrait doubler la production agricole d'ici à 2050[1] ? D'après l'instance

1. Alexandratos, N., Bruinsma, J. (2012), *World Agriculture Towards 2030/2050. The 2012 Revision*. Rome, FAO of the United Nations.

onusienne, la demande en biomasse va en effet connaître une forte hausse, tirée par la croissance démographique, l'adoption de régimes alimentaires plus riches en lait et viande dans les pays émergents, et le besoin de substituer aux énergies fossiles de la biomasse pour décarboner l'économie. Comme par ailleurs l'expansion des terres agricoles au détriment des forêts tropicales doit cesser, l'affaire semble entendue : seule une hausse des rendements peut nous sortir d'affaire. Une telle projection repose cependant, comme tout scénario de ce type, sur de nombreuses hypothèses, qui ont été ardemment discutées. C'est notamment le cas de celles concernant les régimes alimentaires : les pays émergents vont-ils *vraiment* manger autant de lait et de viande que les pays occidentaux aujourd'hui ? Quant à ces derniers, ne vont-ils pas connaître une baisse de la consommation moyenne du fait de la « prise de conscience » des citoyens-consommateurs ?

La comparaison des scénarios existants montre cependant que quelles que soient les hypothèses, une hausse des rendements *moyens* à l'échelle mondiale sera nécessaire. La croissance des besoins en biomasse d'ici à 2050 oscille en effet entre 30 et 150 %. Dans le premier cas, on fait l'hypothèse que les régimes alimentaires deviennent très sobres en produits animaux et que l'agriculture contribue peu aux besoins énergétiques ; dans le second type de scénario, c'est au contraire à une généralisation de régimes alimentaires de type « occidentaux » et à une forte demande en biomasse énergétique que l'on assiste[2].

En parallèle, les impacts environnementaux de la modernisation agricole des années 1960 et 1970 (la fameuse « révolution

2. Le Mouël, C., Forslund, A. (2017), « How can we feed the world in 2050 ? A review of the responses from global scenario studies », *European Review of Agricultural Economics*, 44 (4), p. 541-591.

verte ») sont de mieux en mieux documentés : dégradation et pollution des sols, épuisement des nappes phréatiques, perte de diversité génétique. La nécessité d'atténuer ces effets et de restaurer ce qui peut l'être fait aujourd'hui consensus. Il en est de même quant au besoin d'inclure plus fortement les petits agriculteurs, en particulier sur le continent africain.

C'est ainsi à l'aune d'une nécessité – accroître les rendements – et de deux enjeux – réduire les impacts environnementaux et mieux inclure les petits paysans – qu'émerge sous la plume de Gordon Conway le concept de *révolution doublement verte* : une révolution qui prenne au sérieux les enjeux environnementaux, et qui soit réellement accessibles aux petits agriculteurs. Il sera repris en France par Michel Griffon à travers l'idée d'agriculture *écologiquement intensive* ou encore par Jules Pretty sous l'expression *intensification durable*. Quoique des nuances existent entre ces différentes approches, leur logique sous-jacente est similaire : obtenir des gains de rendements par le développement des techniques accessibles aux plus petits producteurs en réduisant les impacts sur l'environnement. Dans la suite, c'est le terme « intensification durable » qui sera utilisé.

L'intensification durable : une nécessité pour l'Afrique subsaharienne

Dès son émergence, l'intensification durable a prioritairement pour champ d'application le continent africain. Et pour cause : la hausse des rendements entre 1960 et 2000 y a été quasiment nulle, contrairement à ce qui s'est passé sur les autres continents. En 2020, les rendements constatés y sont presque partout inférieurs de plus de 50 % aux rendements *potentiels* (voir encadré 1 sur la notion de rendement potentiel), et jusqu'à 90 % dans les zones les plus méridionales de l'Afrique. Pire encore : cet écart entre rendement potentiel et rendement constaté a augmenté entre 1975 et 2010[3] (*a contrario*, en Europe et plus encore en France, l'écart moyen aux rendements potentiels est de l'ordre de 10 à 30 % tout au plus et il s'est réduit au cours des dernières décennies).

Encadré 1. La notion de rendement potentiel

Le *rendement potentiel* désigne le rendement maximal d'une culture conduite en conditions optimales. On peut l'écrire en reprenant le formalisme du chapitre 2 :

$$Ym = f(G,E,M).$$

Soit : le rendement potentiel maximum (*Ym*), déterminé par la génétique (*G*), est atteint lorsque les facteurs environnementaux (*E*) ne sont pas contraignants et que le management (*M*) est optimal. Ou, dit encore autrement : la génétique de la plante (*G*) s'exprime de manière optimale pour atteindre (ou approcher) le rendement maximal (*Ym*) lorsqu'il y a de l'eau, de l'azote, des radiations solaires en quantité suffisante (*E*) ; et que le semis est fait à la date optimale, que le sol est bien préparé, et qu'aucun parasite ou pathogène ne vient troubler la croissance de la plante (*M*).

L'analyse de l'écart entre rendement obtenu et rendement potentiel, appelé *yield gap* (noté Yg), est au cœur de la recherche agronomique. L'objectif ? Réduire Yg. Les agronomes travaillent pour cela sur trois stratégies : i) l'amélioration de la génétique, afin de

3. Gerber, J. S., *et al.* (2024), « Global spatially explicit yield gap time trends reveal regions at risk of future crop yield stagnation », *Nature Food*, 5 (2), p. 125-135.

repousser les facteurs *déterminants* du rendement ; ii) l'amélioration de l'efficience dans l'usage des facteurs *limitants* que sont l'eau et les nutriments (azote, phosphore, potassium) ; iii) le renforcement des techniques de lutte contre ce qui *réduit* les rendements (parasites, pathogènes).

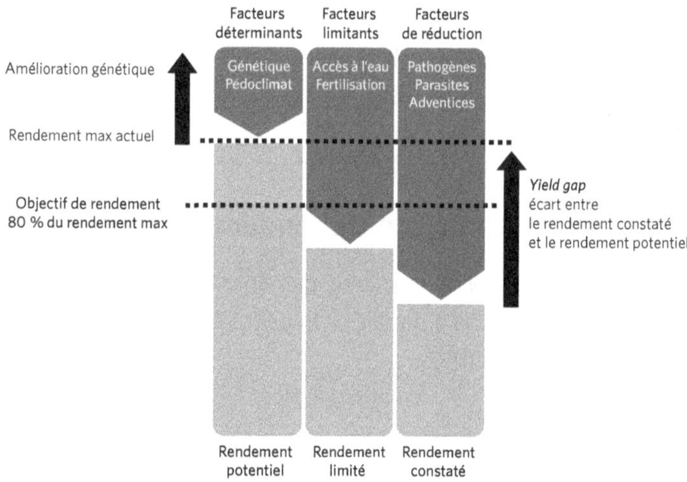

Figure 8. Les composantes du yield gap et leurs déterminants.
Source : d'après Van Ittersum et al.*, 2013*[4].

Par ailleurs, en conditions réelles, on admet généralement que le rendement objectif - celui que peuvent viser les agriculteurs - se situe aux alentours de 80 % du rendement potentiel pour chaque culture. La recherche de rendement au-delà de ces 80 % « coûte » en effet trop cher environnementalement et économiquement - cela suppose notamment des apports d'azote très importants, et donc des pertes en conséquence, tant environnementales qu'économiques[5].

4. van Ittersum, M.K., *et al.* (2013), « Yield gap analysis with local to global relevance : A review », *Field Crops Research*, 143, p. 4-17.
5. *Ibid.*

Cette faiblesse des rendements a deux conséquences pour l'Afrique subsaharienne. D'une part, la part des calories consommées qu'elle doit importer ne cesse d'augmenter depuis la fin des années 1960 pour atteindre aujourd'hui près de 35 %[6]. D'autre part, le défrichement de nouvelles terres au détriment de ses forêts tropicales s'accélère[7].

Dans ce contexte, l'intensification durable permettrait de réduire la dépendance aux importations et mieux nourrir les populations, évidemment ; de stopper la déforestation ; et de réduire les impacts environnementaux de l'agriculture là où elle est pratiquée. Dans cette dernière perspective, la gestion de l'azote joue – encore – un rôle clé. Ne pas en mettre assez, c'est l'assurance de rendements faibles : c'est ce qui se passe aujourd'hui dans la majorité des pays africains, où l'accès aux fertilisants fait défaut. En mettre trop, c'est la garantie de surplus massifs aux nombreux effets indésirables : c'est la situation en France et en Europe où, malgré des améliorations notoires sur les trente dernières années[8], les surplus d'azote restent trop importants pour garantir le bon état écologique des cours d'eau par exemple. Vu « depuis l'azote », le pari de l'intensification durable consiste à passer d'une situation où l'azote est en défaut, à une autre où on en met la « bonne dose », en sautant l'étape durant laquelle on en met trop. Il s'agit *in fine* d'augmenter les rendements en n'augmentant que très marginalement la quantité d'azote perdue dans le milieu – donc les impacts environnementaux.

---

6. Le taux de dépendance aux importations se calcule comme le ratio entre les importations *nettes* (import-export) et la consommation, le tout exprimé en kilocalories. Voir notamment Schiavo, M., *et al.* (2021), *An Agroecological Europe by 2050 : What Impact on Land Use, Trade and Global Food Security ?*, Iddri & INRAe.
7. Dumas, P., *et al.* (à paraître), « Pathways to a Sustainable food future in Sub-Saharan Africa », *Nature Food*.
8. Poisvert, C., *et al.* (2016), « Annual agricultural N surplus in France over a 70-year period », *Nutr. Cycl. Agroecosyst.*, 16.

Bien sûr, la boîte à outils de l'intensification durable ne s'arrête pas à cela ; dans les écrits de ses initiateurs, elle repose aussi sur la diversification des cultures, la couverture permanente des sols, ou encore la sélection génétique, pour améliorer les rendements des plantes et leur résistance aux sécheresses et autres parasites. Mais l'objectif central reste la hausse des rendements et la minimisation des impacts environnement ; une trajectoire vue comme amplement possible dans le contexte subsaharien, compte tenu non seulement de l'écart entre rendements actuels et rendements potentiels, mais aussi des progrès réalisés en matière d'agronomie. Mais à quoi pourrait donc ressembler l'intensification durable en Europe ?

Avant de nous pencher sur cette question, il faut s'arrêter sur l'intérêt suscité par cette approche pour nombre d'acteurs d'environnement.

L'intensification durable, clé de voûte du *land sparing*

Au tournant des années 1990, les scientifiques et les grandes ONG qui œuvrent à la conservation des écosystèmes remarquables, en particulier sous les tropiques, se penchent en effet sur les travaux relatifs à l'intensification durable. Ils y cherchent des éléments de réponse à un questionnement en apparence simple : pour un niveau de production agricole donné, quel est l'usage des terres le plus favorable à la biodiversité ?

Les connaissances acquises en matière d'intensification durable sont alors mobilisées pour développer un modèle conceptuel couramment désigné par le terme anglais : *land sparing/land sharing* (et pour lequel on ne dispose guère de traduction satisfaisante). Dans ce modèle, *land sparing* et *land sharing* représentent les deux pôles d'un continuum de stratégies d'usage des terres. Dans une stratégie de type *land sparing*, l'augmentation des rendements permet de réduire le besoin en nouvelles terres agricoles, qui peuvent alors être « épargnées » (une des traductions du verbe *to spare*) au bénéfice de la biodiversité.

En miroir, une stratégie de *land sharing*, aussi appelée dans les premiers articles *wildlife friendly farming* (pour « agriculture pro-faune sauvage ») repose sur des rendements moins élevés pour « partager » (la traduction du verbe *to share*) les terres agricoles avec la biodiversité. En contrepartie, il faut plus de surfaces agricoles pour produire la même quantité de nourriture, ce qui laisse moins de nature intacte pour la biodiversité.

Munis de ce modèle conceptuel, plusieurs chercheurs ont montré que les stratégies de *land sparing* pouvaient se révéler meilleures pour la biodiversité que celles de *land sharing*, à trois conditions. L'intensification doit d'abord être *réellement* durable, c'est-à-dire ne pas dégrader la capacité productive des agroécosystèmes – faute de quoi il sera nécessaire d'utiliser d'autres terres à moyen ou à long terme. Elle doit ensuite s'accompagner de stratégies *délibérées* de préservation des terres au bénéfice de la biodiversité : planification spatiale, mise en place d'aires protégées, « réensauvagement » (traduction peu satisfaisante du terme *rewilding*) de zones anciennement agricoles… Partout où c'est possible nutritionnellement, elle doit enfin aller de pair avec une baisse de la consommation de produits animaux et ainsi réduire les besoins en terres agricoles[9]. On se rappelle en effet que près de 60 % des céréales et 75 %

9. Phalan, B. (2018), « What have we learned from the land sparing-sharing model ? », *Sustainability*, 10 (1760), en particulier les p. 11-12 sur la durabilité, et la p. 3 sur la demande.

des plantes riches en protéines consommées en Europe le sont pour nourrir des animaux.

Attardons-nous sur la première de ces conditions : des rendements soutenables sur le long terme grâce à l'intensification *durable*. Du fait des progrès techniques, cette condition semble de plus en plus à portée de main. Plusieurs travaux menés depuis le milieu des années 2010 tendent à démontrer que les productions très intensives sont les plus *efficientes* ramenées au kilo de nourriture. En d'autres termes, les hauts rendements favorisent une moindre consommation de ressources (eau, énergie, fertilisant, terre) par unité de produits : il faut moins d'azote, d'eau, de gas-oil, etc. pour produire 1 kilo de blé sur une parcelle où le rendement atteint 10 tonnes par hectare que sur une parcelle où il n'est que de 5 tonnes par hectare[10]. Ces résultats sont utilisés pour conforter l'idée que les stratégies de *land sparing* basées sur la recherche de hauts rendements sont décidément les plus profitable à la biodiversité. Rien n'est cependant dit sur l'effet de ces hauts rendements sur la santé des sols et la biodiversité des parcelles, qui sont pourtant des conditions du maintien à long terme de la productivité des agroécosystèmes !

La seconde condition, l'existence d'une stratégie délibérée de conservation des surfaces non occupées ou libérées par l'agriculture ne pose pas moins question. Dans la majorité des pays à faible et à moyen revenu, les cultures ayant connu des gains de rendements sur la période 1961-2016 ont vu leur surface cultivée augmenter, notamment au détriment des forêts tropicales. On y assiste en effet à une forme d'effet rebond : la hausse des rendements est porteuse de nouvelles

10. Balmford, A., *et al.* (2018), « The environmental costs and benefits of high-yield farming », *Nature Sustainability*, 1 (9), p. 477-485.

opportunités économiques qui se traduisent par de nouveaux défrichements[11]. Par ailleurs, la majorité des pays concernés ne disposent pas de stratégie de conservation ou la dotent de moyens très faibles.

Quant à la dernière condition – réduire la consommation de produits animaux lorsque c'est possible nutritionnellement –, force est de constater que bien peu est fait à cet égard dans les régions où les rendements sont pourtant déjà très élevés.

Qu'en est-il en Europe ? Quel pourrait être le potentiel d'une intensification durable, alors que les rendements y sont déjà très élevés et stagnent depuis près de vingt ans ? On peut d'abord constater que, depuis quarante ans, la biodiversité agricole n'a cessé de s'éroder, qu'on la mesure à travers l'abondance et la diversité des oiseaux des champs ou à travers les populations d'insectes. Par ailleurs, la production s'est concentrée sur les zones à plus fort potentiel sans que cela suffise à reconquérir la biodiversité dans les zones marginales. Dans ces dernières, des subventions spécifiques ont été mises en place pour maintenir des pratiques agricoles extensives et favorables à certains types de biodiversité, mais avec des résultats pas toujours très concluants[12]. Sans parler du fait que la consommation de viande et produits laitiers par habitant, après avoir significativement augmenté, ne bouge pratiquement plus *en moyenne* depuis plus de vingt ans. Dans ce contexte, à quoi pourrait donc ressembler une stratégie croisant intensification durable et *land sparing* pour l'Europe ?

11. García, V. R., *et al.* (2020), « Agricultural intensification and land use change: assessing country-level induced intensification, land sparing and rebound effect », *Environmental Research Letters*, 15 (8), 085007.
12. En France, c'est notamment la loi dite « Montagne », adoptée en 1985, qui traduira cette ambition.

Les promesses de l'intensification durable en Europe

La nécessité de produire *plus* et *mieux* revient d'abord comme un mantra dans la bouche des responsables agricoles français, syndicaux ou politiques. Et comme les surfaces agricoles françaises sont figées, cela signifie : augmenter les rendements agricoles. On trouve dans ces discours trois arguments. Premièrement, la France a une responsabilité morale vis-à-vis du reste du monde, car elle est l'un des rares pays à pouvoir exporter des céréales et donc contribuer à la sécurité alimentaire mondiale. Deuxièmement, produire plus, c'est œuvre pour le climat, car cela permet de fournir de la biomasse agricole pour s'affranchir des énergies et matériaux d'origine fossile. Troisièmement, viser des rendements élevés permet d'améliorer l'efficience de la production, donc d'utiliser moins de ressource par tonne produite. Cet extrait d'un entretien avec Xavier Beulin, alors président de la Fédération des oléagineux et protéagineux (qui deviendra plus tard président de la FNSEA pendant deux mandats – présidence interrompue par sa disparition brutale en février 2017), reprend ces thèmes de manière limpide :

> La première priorité est celle de l'alimentation puisqu'à l'horizon 2050, ce seront 9 à 10 milliards d'individus qu'il faudra nourrir. [...] Il faut [ensuite] rappeler que nous contribuons à la lutte contre l'effet de serre, à l'indépendance énergétique de notre pays, à la préservation des ressources naturelles, à la limitation des importations pour l'alimentation animale... [...] Il ne faudrait pas que, sous couvert d'environnement, nous tombions dans une

dérive environnementaliste qui […] amputerait l'agriculture de toute capacité de production en la conduisant dans des impasses techniques ou agronomiques. Il convient de veiller à maintenir un équilibre réel entre le « produire plus » et le « produire mieux[13] ».

Il faut dire que les dirigeants agricoles peuvent compter sur plusieurs ressources pour soutenir la faisabilité et la désirabilité d'une telle approche.

Des promesses technologiques séduisantes

Le nouveau « paquet technologique » de l'intensification durable, pour reprendre le terme consacré de la révolution verte, comprend trois volets. Les nouveaux outils de la génétique doivent d'abord permettre d'augmenter les rendements potentiels ; le numérique et l'agriculture de précision doivent ensuite accompagner une réduction substantielle des apports d'engrais sans baisse des rendements ; enfin, de nouveaux produits dits de « biocontrôle » doivent se substituer aux pesticides chimiques et ainsi diminuer les impacts sur la biodiversité. C'est ce qu'annonçait le ministre de l'Agriculture, Julien Denormandie, en septembre 2021 :

> Nous avons aujourd'hui la possibilité et la responsabilité de changer la donne, en ouvrant un nouveau chapitre de notre histoire agricole : celui de la troisième révolution, celle du vivant et de la connaissance. […] Des nouvelles technologies à l'agrorobotique, en passant par des solutions de biocontrôle ou de sélection

13. Beulin, X., Lorot, P. (2008), « Les biocarburants : un engagement responsable », *Géoéconomie*, 46 (3), p. 95-106.

variétale, les innovations se développent. […] [Elles] permettent d'associer création de valeur environnementale et économique. De faciliter le travail de nos agriculteurs, de mieux préserver nos ressources, de limiter les émissions carbone, tout en augmentant la qualité nutritionnelle de nos productions grâce à l'innovation dans nos chaînes alimentaires[14].

Penchons-nous plus en détail sur chacun de ces trois volets. Côté génétique, ce sont les « nouvelles techniques d'édition du génome » qui sont convoquées. Ces techniques sont issues de la découverte dans les années 2000 de « ciseaux moléculaires ». Ceux-ci offrent la possibilité de réarranger l'ADN des organismes pour leur conférer de nouvelles propriétés, sans passer par l'introduction de fragments de génome exogène, comme dans le cas des organismes génétiquement modifiés dits « de première génération[15] ». Ces nouvelles techniques se révèlent en outre bien moins chères à mettre en œuvre ; et elles permettent d'aboutir à des variétés dont il est parfois impossible de détecter qu'elles ont été obtenues par manipulation génétique. En abaissant les coûts de la recherche génétique de manière drastique, et en s'affranchissant de manipulations génétiques jugées risquées (l'introduction de génome exogène), ces nouvelles techniques doivent permettre d'obtenir rapidement des variétés plus performantes pour une gamme

---

14. Denormandie, J. (2021), « Pourquoi il faut investir massivement dans la troisième révolution agricole », *La Tribune* (13 octobre 2021).
15. Deux types de modifications ont été favorisées dans le développement des OGM de première génération les plus utilisées : l'introduction d'une résistance à la molécule de glyphosate ; et l'introduction d'un gène conduisant les plantes à sécréter un insecticide naturel (en les faisant exprimer une bactérie dite « Bt »). Dans les deux cas, l'objectif principal est de réduire les coûts de conduite des cultures.

élargie d'espèces, au rendement potentiel supérieur et mieux adaptées au changement climatique[16].

Les technologies numériques doivent ensuite permettre de fournir à ces plantes « améliorées » l'azote (et les autres nutriments) en quantité suffisante tout en réduisant les impacts environnementaux. Grâce au numérique, l'agriculture de précision vise précisément à apporter « la bonne dose, au bon endroit, au bon moment » – selon l'expression consacrée. Le potentiel d'économie d'azote est estimé de 5 à 30 %[17], en combinant le guidage des engins par GPS, l'acquisition de données sur les sols et la végétation à une échelle infraparcellaire, et des outils de « modulation de dose », qui permettent d'adapter les quantités d'engrais aux conditions spécifiques de sols et de végétation. En théorie, Il devient ainsi possible de produire *plus* en perdant moins d'azote dans le milieu, donc en réduisant les impacts environnementaux.

Enfin, les produits de *biocontrôle* doivent permettre de mieux gérer la concurrence avec les parasites, pathogènes et autres adventices (terme technique pour désigner les plantes concurrentes, appelées dans le langage des jardiniers, « mauvaises herbes ») sans recours additionnel aux pesticides de synthèse. Les produits de biocontrôle ne datent pourtant pas d'hier : ils sont même relativement développés dans le secteur de l'horticulture, où leur coût à l'hectare est plus

16. Dans cette perspective, une nouvelle directive proposée par la Commission européenne en 2023 vise à assouplir la réglementation actuelle sur les organismes génétiquement modifiés lorsque ces modifications sont de faible ampleur. Fin 2024, cette directive n'avait cependant pas été adoptée faute d'un accord entre les États membres.

17. Soto, I., *et al.* (2019), *The Contribution of Precision Agriculture Technologies to Farm Productivity and the Mitigation of Greenhouse Gas Emissions in the EU*, Luxembourg, JRC – Publications Office of the European Union, 446 p.

facilement couvert par la forte valeur ajoutée des productions. En revanche, ils sont encore rares dans les grandes cultures, où peinent à se développer des modèles d'affaires viables.

En juillet 2024, Arnaud Rousseau, le président de la FNSEA, résumait ainsi l'importance de ce « paquet technologique » :

> Rappelons-le, le travail de la nature par l'agriculture est essentiel pour nourrir les populations à travers le monde. C'est tout l'enjeu de la souveraineté alimentaire et de la préservation des moyens de production. [...] Et d'ici à 2050, 10 milliards d'individus seront invités à la table mondiale. [...] La préservation de la biodiversité est [donc] un combat existentiel pour les agriculteurs. Car elle est aussi une altération de leur capacité de production. [...] Nous devons donc faire encore mieux. Pas en se fourvoyant dans l'illusion d'un retour à des pratiques d'un autre âge, mais en investissant dans la recherche ainsi que dans l'innovation scientifique et technologique : nouvelles techniques génomiques, solutions de biocontrôle, outils de précision... Définitivement, entre nature et agri(culture), nous ne pouvons pas choisir[18].

Une expertise consonante

Ces promesses technologiques, très séduisantes, se retrouvent dans nombre de publications récentes à l'interface entre sciences et politiques. C'est par exemple un rapport du *World Resources Institute* qui, s'intéressant au cas du Danemark, défend à l'horizon 2050 une hausse des rendements comprise entre 14 % pour le blé et 31 % pour le maïs, tout en réduisant

18. Rousseau, A. (2024), « Biodiversité : la nouvelle urgence ? La réponse d'Arnaud Rousseau (FNSEA) », *L'Opinion*, 4 juillet 2024.

de plus 60 % l'usage de fertilisants[19] ; c'est encore un rapport très récent du *think tank* allemand Agora Agrar, qui considère que les rendements pourraient augmenter de 5 à 20 % selon les variétés, tout en réduisant le surplus azoté de plus de 50 % pour contribuer à la neutralité climatique de l'Europe[20] ; ou bien le rapport dit « EAT-Lancet », publié en 2019 par une série de chercheurs de tout premier plan. Celui-ci met en avant la possibilité de réduire le *yield gap* de 75 % partout dans le monde pour maintenir le système alimentaire mondial dans les limites planétaires – ce qui veut dire, en Europe, augmenter les rendements de 10 à 30 % ! On pourrait enfin citer – sans prétendre à l'exhaustivité – cet article de 2018, dans la revue *Nature*, défendant le fait que l'atteinte de hauts rendements est la meilleure manière pour l'agriculture de contribuer à la lutte contre le changement climatique en réduisant le « coût d'opportunité carbone » de l'usage des terres[21].

Une promesse de viabilité économique

Mais ces promesses technologiques portent aussi une promesse de viabilité économique très forte aux trois « maillons » du système alimentaire que nous avons analysés au chapitre 3 : les agriculteurs, les industriels, les consommateurs.

---

19. Searchinger, T. D., *et al.* (2021), *A Pathway to Carbon Neutral Agriculture in Denmark*, Washington, World Resources Institute.
20. Agora Agriculture (2024), *Agriculture, Forestry and Food in a Climate Neutral EU. The Land Use Sectors as Part of a Sustainable Food System and Bioeconomy*, Berlin, Agora Agriculture.
21. L'article repose sur une formalisation mathématique assez technique ; on peut cependant noter que les auteurs sont très explicites sur le fait que leur approche ne tient pas compte des enjeux de biodiversité. Voir Searchinger, T. D., *et al.* (2018), « Assessing the efficiency of changes in land use for mitigating climate change », *Nature*, 564 (7735), p. 249-253.

Côté ferme, le pari d'une hausse des rendements permettrait d'abord de ne pas remettre en cause le moteur de la transformation structurelle en France depuis 1950, à savoir la hausse des rendements. Dans le même temps, la mobilisation des *big data* par l'agriculture de précision doit permettre de poursuivre l'accroissement de la surface exploitée par travailleur en mobilisant toujours davantage de capital fixe. Les conditions sont donc réunies pour permettre à l'agriculture de contribuer à la hausse de la formation de capital fixe ; et à la productivité du travail agricole de continuer à augmenter, quand bien même le niveau des prix baisserait comme il l'a fait entre 1975 et 2005 (voir encadré 2).

Une hausse de la productivité permettrait par ailleurs de stabiliser voire de réduire l'écart de revenus entre les agriculteurs et les autres secteurs – à condition qu'elle ne s'accompagne pas d'une explosion des charges de production.

De ce côté, les choses sont un peu moins simples, car toutes ces innovations ont un coût. À titre d'exemple, la majorité des agriculteurs s'étant engagés en agriculture de précision n'ont pas acquis la totalité des équipements qui leur permettrait pourtant de faire de la « modulation de dose », c'est-à-dire l'adaptation des doses pulvérisées (de pesticides ou de fertilisants) aux données infraparcellaires. Ils mettent en avant les coûts d'investissements que cela représente, face à des réductions de charges trop faibles, comme l'explique cet agriculteur :

> Vous ne pouvez pas utiliser la modulation intraparcellaire si vous n'avez pas le logiciel qui va bien, qui va s'adapter à votre pulvé… Le pack complet. Moi, la seule modulation que je vais pouvoir faire c'est juger de façon empirique. En disant voilà, à tel endroit de la parcelle je sais que la terre est comme-ci, comme ça, ou je

constate visuellement que… Donc je fais plus ou moins 5 % mais ça, ce n'est pas de la modulation intraparcellaire (*rires*)[22].

De même, l'utilisation de nouvelles semences et des produits de biocontrôle aura un coût – même si personne ne peut le chiffrer précisément. L'idée qui domine aujourd'hui est qu'il y aura des investisseurs prêts à parier sur ces nouveaux secteurs favorables à la durabilité, si cela peut accroître la productivité ; et que ces investissements permettront de massifier ces approches (agriculture de précision, nouvelles variétés ou biocontrôle) et ainsi progressivement d'en réduire les coûts, à mesure qu'elles deviennent incontournables.

Encadré 2. Hausse de la productivité économique du travail et intensification durable

Nous avons vu au chapitre 3 que la productivité du travail $\frac{Y_€}{L}$ pouvait se comprendre comme le produit d'un rendement à l'hectare $\frac{Y_\varphi}{A}$, de la surface exploitée par actif $\frac{A}{L}$, et d'un niveau des prix *p*, comme dans l'équation suivante :

$$\frac{Y_€}{L} = \frac{Y_\varphi}{A} \times \frac{A}{L} \times p$$

Pour comprendre les conditions d'une *augmentation* de cette productivité du travail au cours du temps, on peut mobiliser quelques ressources mathématiques. Sans entrer dans le détail, il suffit en effet de prendre le logarithme de cette équation pour voir apparaître que le taux de variation de la productivité du travail $\frac{Y_€}{L}$, qu'on peut écrire $y€$, est égal à la somme des variations des autres paramètres, comme dans l'équation ci-dessous :

22. Agriculteur cité p. 371 dans Oui, J. (2021), *La Précision au secours des pollutions. Des technologies numériques pour écologiser le productivisme agricole*, thèse de doctorat en sociologie, EHESS.

$$y€ = y\varphi + a + \dot{p}$$

avec : $y€$, taux de variation de la productivité du travail ; $y\varphi$, taux de variation des rendements ; a, taux de variation de la surface exploitée / travailleur et $\dot{p}$, taux de variation des prix.
La question est alors de savoir à quelle condition la productivité du travail pourrait continuer à croître. Cela conduit à s'intéresser aux conditions sous lesquelles :

$$y\varphi + a + \dot{p} > 0.$$

Si le niveau des prix baisse avec le temps, soit $\dot{p} < 0$, la productivité du travail $y€$ pourra augmenter si, et seulement si, la somme de la variation des rendements et de la surface exploitée/agriculteur (soit $y\varphi+a$) est supérieure au niveau de la baisse des prix.

Regardons maintenant au niveau des industries. On l'a vu, le modèle d'affaires de l'industrie agroalimentaire repose sur deux piliers : la maîtrise des coûts de matière première agricole, à travers la standardisation et la massification des approvisionnements ; la valorisation des produits par la segmentation de gammes à l'aval. Du côté des approvisionnements, tant que la spécialisation des fermes n'est pas remise en question, la stratégie tient. Or c'est précisément l'une des promesses de ces technologies que de ne pas nécessiter une rediversification complète des fermes, en s'appuyant avant tout sur l'articulation entre gains d'*efficience* pour les fertilisants et *substitution* des pesticides les plus nocifs par ceux issus du biocontrôle. Pour l'industrie agroalimentaire, les voies que dessinent de tels progrès technologiques sont donc tout à fait compatibles avec les modèles d'affaires existants et n'obligent pas à une remise en question de leur organisation en amont. Et, du moment que l'amont n'est pas mis en cause, leur stratégie de segmentation vers l'aval et les consommateurs peut se poursuivre.

Venons-en donc à ces derniers, les consommateurs. De ce côté, les enjeux ne manquent pas : difficultés d'accès à l'alimentation, liées à la précarisation de la population, à l'inflation des dernières années et à la hausse des dépenses contraintes sur les postes non alimentaires ; défis nutritionnels, associés à la trop faible consommation de fruits et légumes ou à la hausse de la prise de produits transformés, qui entraîne avec elle celle du sucre et des matières grasses ; ou encore problématiques environnementales, découlant en particulier d'une consommation *moyenne* de produits animaux trop élevée… Si toutes ces questions mériteraient attention, elles ne sont pas *directement* dans le viseur des tenants de l'intensification durable en France et en Europe. Au nom, notamment, de la sacro-sainte liberté du consommateur : ce que mange le citoyen-consommateur le regarde lui, et lui seul.

Dans ce contexte, la responsabilité qu'acceptent d'endosser les acteurs des chaînes de valeur alimentaire consiste pour l'essentiel à fournir du choix à prix abordable à ce consommateur. Dans cette perspective, la logique d'intensification durable défendue apparaît somme toute compatible avec cette ambition : la maîtrise des coûts, voire la baisse des prix, par la hausse de la productivité, est bien au menu, tandis que la segmentation de marché offrant l'illusion du choix au consommateur reste au cœur de la stratégie de l'industrie.

Encadré 3. L'intensification durable en production animale

Jusqu'à présent, l'intensification durable a été présentée sous l'angle des productions végétales. Les choses sont similaires en production animale, mais au lieu de viser des gains de production par hectare, on les recherche par unité de bétail. De même qu'en production végétale, on s'intéresse pour cela aux facteurs qui *définissent* le rendement, essentiellement la génétique des animaux ; à ceux qui le *limitent*, au premier chef desquels la qualité de l'alimentation animale ; et à ceux qui le *réduisent* : maladies animales, taux de mortalité. Prenons le cas du poulet de chair pour saisir comment s'articulent ces trois dimensions :

1) Côté génétique, la souche Ross 308 représente aujourd'hui l'écrasante majorité du marché et concentre l'essentiel des efforts de recherche génétique. Elle allie en effet vitesse de croissance et rendement filet (le fait de concentrer la viande dans les filets de l'animal et de faciliter ainsi sa transformation) – au prix de contraintes fortes concernant les conditions de vie des animaux et l'homogénéisation de la production.
2) La spécialisation des élevages autour de quelques souches (dont Ross 308) s'est accompagnée d'un perfectionnement de l'alimentation : leur composition est ajustée au développement de l'animal pour coller au plus près de ses besoins, en distinguant deux à trois périodes de croissance.
3) Enfin, les facteurs qui *réduisent* les rendements sont gérés en volaille par la combinaison entre une prophylaxie à base de vaccination et de l'antibiothérapie à fins curatives (usage des antibiotiques qui a diminué de près de 50 % en France depuis la mise en place du plan éco-antibio en 2017).

Les gains de rendement des cinquante dernières années ont été spectaculaires pour toutes les productions animales (lait, viande, œufs). En volaille, où ils ont été les plus importants, le poids du poulet à l'abattage a augmenté de plus de 10 %, tandis que la durée du cycle de production a été divisée par plus de trois en cinquante ans, pour atteindre moins de trente-cinq jours aujourd'hui ! Comme pour la production végétale, intensifier durablement signifie poursuivre ces gains de productivité en les combinant à de meilleures performances environnementales. La génétique, l'alimentation de précision et le recours à des alternatives aux antibiotiques sont convoqués. Les efforts se focalisent notamment sur l'amélioration de l'indice de consommation, c'est-à-dire le ratio entre la quantité produite et la quantité d'aliment ingérée : entre 1970 et 2022, cet indice s'est amélioré de 27 % en volaille. Concrètement, cela signifie qu'avec 1 kilo d'aliments, on peut aujourd'hui produire 27 % de viande de volaille *en plus* que dans les années 1970[23]. Dans leurs travaux sur le Danemark, les chercheurs du World Resources Institute mentionné plus haut font l'hypothèse que l'indice de consommation pour toutes les productions baissera d'encore 30 % d'ici à 2050, tandis que la productivité/animal continuerait à croître. En volaille, 1,13 kilo de grain pourrait ainsi suffire pour produire 1 kilo de viande ; en production laitière, la productivité par vache pourrait passer de 9 500 litres par an à 14 000 litres par an[24].

Le couplage entre gains de productivité et gains d'efficience s'inscrit dans la continuité des évolutions des dernières décennies. Malgré les investissements à consentir pour aller plus loin et plus vite, il ne remet en cause ni la hausse de productivité du travail au maillon ferme, ni la poursuite des stratégies agro-industrielles (basée sur la standardisation des approvisionnements et la segmentation des marchés), ni la recherche de prix bas vers le consommateur.

Cependant, cette approche tend à occulter plusieurs aspects :

1) En premier lieu, si les indices de consommation s'améliorent encore à un bon rythme, les performances environnementales d'ensemble ne progressent que marginalement. En cause, notamment, une gestion très perfectible des déjections[25]. C'est qu'en effet, l'intensification de l'élevage s'est accompagnée de

23. Itavi (2016), *Performances techniques et coûts de production en volailles de chair, poulettes et poules pondeuses* Paris, Itavi.
24. Searchinger, T. D., *et al.* (2021), *A Pathway to Carbon Neutral Agriculture in Denmark*, Washington, World Resources Institute.
25. Voir, par exemple, pour la volaille, Harchaoui, S., *et al.* (2023), « Challenges and opportunities for improving circularity in the poultry meat and egg sector : The case of France », *Resources, Conservation and Recycling*, 193, 106963.

sa concentration territoriale pour des raisons d'efficacité économique. Il en résulte une très forte concentration de l'azote contenu dans les déjections animales, et en définitive un usage peu efficient de cet azote, avec des impacts importants sur la biodiversité aquatique et terrestre, malgré les améliorations des dernières années. Ce qui est gagné d'un côté est donc pour partie au moins reperdu de l'autre.

2) Ensuite, les formes d'élevage auquel conduit cette double logique d'efficience et de productivité ont des impacts sur les conditions de vie des animaux. Si ces derniers ne manquent ni d'eau ni de nourriture, les densités d'élevage, l'absence d'accès à l'extérieur dans la majorité des cas, et la standardisation de la nourriture, rendent impossible l'expression des comportements « biologiques » constatés chez ces animaux.
3) Enfin, la hausse de l'offre et la baisse des coûts se sont traduites par une hausse de la consommation de produits animaux sans lien avec nos besoins nutritionnels, mais problématique du point de vue environnemental.

Des questions en suspens

Mais cette intensification est-elle réellement durable ? Et les motifs au nom desquels on veut la déployer supposent-ils impérativement une hausse des rendements ? Les arguments climatiques et alimentaires du « produire plus » sont en effet convoqués avec constance ; de même que le potentiel de réduction des impacts de ce paquet technologique. Il nous faut y voir plus clair.

L'équation alimentaire

L'idée selon laquelle la France et l'Europe devraient produire plus pour contribuer à la sécurité alimentaire du monde repose trop souvent sur une somme de malentendus. Trois d'entre eux sont particulièrement dommageables à la tenue d'un débat constructif. Ils concernent les déterminants de l'insécurité alimentaire, la contribution actuelle de la France et de l'Union européenne aux équilibres alimentaires mondiaux et les facteurs qui conduisent certains pays à ne pouvoir couvrir leurs besoins alimentaires.

Encadré 4. Sécurité alimentaire ou souveraineté alimentaire ? Quelques points de repères

Le débat sur les enjeux alimentaires voit souvent coexister plusieurs termes : sécurité alimentaire, souveraineté alimentaire, droit à l'alimentation... Rapide panorama de ces concepts et de leur définition.

La *sécurité alimentaire* a été introduite au niveau international dès le Sommet de l'alimentation de 1974. Depuis 1996, sa définition s'est stabilisée comme suit : « La sécurité alimentaire existe lorsque tous les êtres humains ont, à tout moment, un accès physique, économique et social à une nourriture suffisante, saine et nutritive leur permettant de satisfaire leurs besoins énergétiques et leurs préférences alimentaires pour mener une vie saine et active. »

Ainsi définie, la sécurité alimentaire repose sur quatre piliers, eux aussi reconnus par l'organisation des Nations unies pour l'agriculture et l'alimentation, la FAO :

1) la *disponibilité* physique en nourriture, c'est-à-dire la présence effective d'une production alimentaire en quantité suffisante au

regard des besoins, aux niveaux national, local et du ménage pour répondre aux besoins et aux préférences ;

2) l'*accessibilité* économique et sociale à la nourriture sur les marchés, ou aux moyens de la produire ;
3) la garantie de *qualité* sanitaire et nutritionnelle des aliments et des régimes alimentaires, dans le respect des préférences alimentaires et du rôle social de l'alimentation ;
4) la *régularité* dans la disponibilité, l'accès et la qualité de cette nourriture.

La dimension *nutritionnelle* de la sécurité alimentaire est souvent laissée de côté ou peu prise en compte bien qu'elle en soit une dimension essentielle. Au-delà des calories, ce sont des aliments porteurs de l'ensemble des macro- et micronutriments qui doivent être disponibles, accessibles et de qualité suffisante pour assurer une vie en bonne santé.

La notion de *souveraineté alimentaire* a été introduite par les mouvements sociaux au milieu des années 1990 et a fait l'objet d'un intense travail militant. On peut dire de la souveraineté alimentaire qu'elle est une notion avant tout *politique*, en ce qu'elle désigne « le droit des peuples à une alimentation saine et culturellement adaptée, produite par des méthodes écologiquement saines et durables, ainsi que leur droit à définir leurs propres systèmes agricoles et alimentaires[26] ». Ainsi, au risque de grossir le trait, un peuple qui déciderait par lui-même d'importer l'ensemble de sa nourriture peut, sur la base de cette définition, être considéré comme en état de souveraineté alimentaire. La mise en œuvre effective de la notion de souveraineté alimentaire fait ainsi largement débat : à quelle échelle doit-elle être pensée ? Quels sont les contours du « peuple » dont le droit est reconnu, et comment exprime-t-il ses préférences en matière de méthodes de production ?

26. Forum pour la souverainté alimentaire (2007). *Déclaration de Nyéléni*, Sélingué, Mali.

Probablement pour partie du fait de ces difficultés, le terme a fait l'objet d'une réappropriation politique par le syndicalisme majoritaire et les pouvoirs publics depuis la crise du Covid et la guerre en Ukraine. Il a fini par désigner tout autre chose que sa définition originelle, à savoir le niveau *d'autosuffisance* permis par la production nationale au regard des niveaux de consommation.

Commençons par la question des déterminants de l'insécurité alimentaire : celle-ci serait, à entendre les dirigeants agricoles, le résultat d'un manque de nourriture. Dans cette perspective, la question ne se pose pas : il *faut* produire plus, car la sécurité alimentaire mondiale est en jeu. C'est un enjeu moral. Cependant, on sait de longue date que la sécurité alimentaire ne repose pas uniquement sur la disponibilité en nourriture (voir encadré 4).

Aujourd'hui, le monde produit assez pour subvenir à la plupart de ses besoins *quantitatifs* : les problèmes de disponibilité physique concernent essentiellement les fruits et légumes[27]. Dans la vaste majorité des cas, l'insécurité alimentaire découle d'un problème d'accessibilité économique, lui-même tiré par le creusement des inégalités sociales, le renforcement de la pauvreté structurelle et les instabilités créées par les conflits. C'est ce que rappelle avec constance la FAO, l'instance des Nations unies pour l'agriculture et l'alimentation, dans chacun de ses rapports annuels sur l'insécurité alimentaire dans le monde. Dit autrement, la priorité absolue pour améliorer la sécurité

27. Kc, K. B., *et al.* (2018), « When too much isn't enough : Does current food production meet global nutritional needs ? », *PLoS One*, 13 (10), e0205683.

alimentaire dans le monde aujourd'hui est de soutenir l'accès à l'alimentation pour les ménages les plus modestes et les pays les moins avancés, parfois très dépendants des importations mondiales. C'est donc tout à la fois un problème de *pauvreté* et de *prix*. Laissons temporairement de côté le problème de la pauvreté et des inégalités mondiales, sur lequel les décideurs agricoles peuvent considérer ne pas avoir prise (ce qui n'est que partiellement vrai, comme on le verra).

Reste donc le problème des prix agricoles et alimentaires. Ne peut-on pas à cet égard considérer qu'une hausse des rendements, en augmentant l'offre disponible, permet de diminuer les prix – donc d'améliorer l'accessibilité économique ? N'est-ce pas d'ailleurs ce qui s'est passé entre 1960 et 2000, période pendant laquelle la hausse des rendements a permis une baisse des prix réels alimentaires de près de 50 % en France (voir chapitre 3) ?

Bien plus que la hausse ou la baisse tendancielle des prix, c'est l'extrême variabilité des cours de matières premières agricoles qui est au cœur de la plupart des grandes crises alimentaires. Ces soubresauts rendent en effet tout à coup les denrées alimentaires inaccessibles aux pays dépendant des importations. Si une détérioration souvent temporaire de l'équilibre offre-demande est fréquemment en cause dans ces soubresauts, ceux-ci s'expliquent mieux lorsque l'on considère également deux autres facteurs : la dépendance de l'agriculture aux énergies fossiles et l'organisation des marchés. Le cas de la crise alimentaire de 2022 (et avant elle, celles de 2007 et de 2010) illustre le rôle joué par ces deux facteurs.

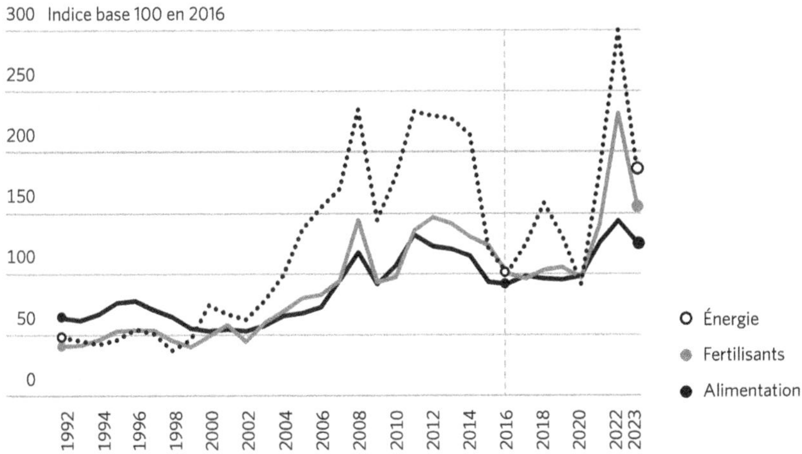

Figure 9. Des prix alimentaires sous l'influence des prix de l'énergie *via* les fertilisants.

Source : auteur, d'après données FAO (indices des prix agricoles) et FRED (indices de prix énergétiques et des fertilisants).

Note : indices exprimés en base 100 pour l'année 2016 pour l'énergie et les fertilisants, en base 100 moyennée 2014-2016 pour l'alimentation.

Commençons par la dépendance aux énergies fossiles, liées à la généralisation des engrais et des tracteurs. Elle a pour conséquence que toute variation du prix de l'énergie se répercute inexorablement sur l'agriculture, notamment à travers le prix des fertilisants (voir figure 9). En ce sens, une réduction progressive de la dépendance aux énergies fossiles permettrait d'amortir ce phénomène de volatilité des prix – sans compter que du point de vue du climat, cette sortie de la dépendance aux énergies fossiles sera à terme indispensable. À l'inverse, une hausse des rendements qui continuerait à reposer sur ces mêmes énergies fossiles n'aurait qu'un intérêt limité pour contrer les hausses soudaines de prix.

Reste alors la question du rôle de l'organisation des marchés dans la formation des prix. La libéralisation des échanges agricoles des années 1990 s'est accompagnée simultanément d'une dérégulation des marchés financiers et d'une augmentation de la variabilité des cours de matières premières agricoles. La réforme de la PAC de 1992, en mettant fin à la politique dite des « prix garantis », a en effet mis les acteurs agricoles européens devant la nécessité de faire face au risque-prix : soit le fait qu'entre le semis et la récolte (pour l'agriculteur) ou entre la collecte et la vente (pour la coopérative), les prix peuvent varier de manière importante. Pour se couvrir face à ce risque-prix, ils ont eu recours aux « marchés à terme agricoles », inventés dès la fin du XIXe siècle aux États-Unis avec le Chicago Board of Trade et relancés en Europe avec la réforme de 1992.

L'efficacité de ces marchés à terme agricoles repose sur deux piliers : la transparence des échanges et l'encadrement strict de l'intervention des acteurs non agricoles. Cependant, ces deux conditions ont été remises en cause à la fin des années 1990. Les contrats à terme agricoles ont pu être échangés de manière « invisible » par leur incorporation dans des produits financiers complexes, dits « produits dérivés » (devenus tristement célèbres avec la crise financière de 2008). Et les limites à l'intervention des acteurs non agricoles sur les marchés à terme ont été relevées, puis détournées par la création de ces nouveaux produits financiers. Le nombre d'échanges boursiers impliquant des matières premières agricoles a dès lors bondi mais de manière totalement opaque. Conséquence : les cours agricoles sont devenus de plus en plus sensibles aux activités non directement agricoles – donc aux phénomènes spéculatifs[28]. En 2011, un rapport rédigé sous l'autorité de la FAO à destination du G20 estimait que la volatilité dite « implicite »

28. Voir notamment, Clapp, J., Helleiner, E. (2012), « Troubled futures ? The global food crisis and the politics of agricultural derivatives regulation », *Review of International Political Economy*, 19 (2), p. 181-207.

– basée sur la perception des acteurs des places boursières – des cours des principales matières premières agricoles avait été multipliée par plus de trois entre le milieu des années 1990 et la fin des années 2000[29].

L'amplitude de variation des prix agricoles s'est ainsi considérablement accrue (à la hausse comme à la baisse) et les liens avec les conditions de production ou d'approvisionnement sont devenus extrêmement ténus. À la fin du mois de février 2022, quelques semaines après les débuts de l'offensive russe en Ukraine, le cours du blé a ainsi atteint 432 euros la tonne, soit un doublement de son prix en moins de six mois. Une part de cette hausse est liée à l'augmentation du prix de l'énergie ; une autre peut clairement être attribuée au fonctionnement des marchés financiers : tandis que certains acteurs se sont positionnés sur les marchés par crainte d'une rupture d'approvisionnement, d'autres ont cherché à profiter de cette situation en spéculant à la hausse *via* des produits financiers. Comme en témoigne l'évolution des cours par la suite, cette hausse brutale n'avait que peu à voir, à cette date, avec les pertes concrètes – ou les risques de perte – de blé ukrainien. Elle a pourtant eu des répercussions majeures pour tous les pays devant se fournir en céréales sur les marchés internationaux. De ce point de vue là, la régulation des marchés – en imposant par exemple des prix minimum et maximum sur les transactions – se révélerait une contribution bien plus structurante à la sécurité alimentaire mondiale qu'une éventuelle hausse des rendements en France ou en Europe.

29. FAO, *et al.* (2011), *Price Volatility in Food and Agricultural Markets : Policy Responses*, FAO et OECD.

Venons-en à un second malentendu, qui concerne la contribution de la France et de l'Europe aux équilibres alimentaires mondiaux. Premier producteur et premier exportateur européen de céréales, la France joue un rôle important pour assurer leur disponibilité physique dans certains pays structurellement déficitaires d'Afrique du Nord et du Moyen-Orient. Et du fait des volumes de céréales qu'elle met sur le marché – près de 60 millions de tonnes chaque année – les variations de production en France peuvent avoir un léger effet prix sur les marchés mondiaux, donc sur leur accessibilité économique. En ce sens, une baisse de production française, *toutes choses égales par ailleurs*, peut avoir des implications négatives évidentes sur ces deux dimensions de la sécurité alimentaire, disponibilité et accessibilité prix. Un examen attentif de la destination des productions françaises et de leur rôle dans l'organisation du système alimentaire européen est cependant nécessaire pour comprendre l'enjeu de produire plus de céréales en France, et les alternatives possibles.

Sur les 60 millions de tonnes de céréales produites chaque année en France, une tonne sur deux est exportée, dont 40 % vers les pays tiers et 60 % vers les autres pays de l'Union européenne. Sur les tonnes restant en France, la moitié est utilisée pour nourrir du bétail. Par ailleurs, la France, comme l'Union européenne, importe force *protéines végétales*, principalement sous forme de soja, à destination de l'alimentation animale. Rappelons qu'en France et en Europe, c'est en moyenne 50 à 60 % de la consommation de céréales et plus de 70 % de celle des oléo-protéagineux qui sont utilisés pour nourrir des animaux (voir chapitre 2). Or ces importations de soja pèsent lourd dans la balance alimentaire : si la France est exportatrice nette de calories, à hauteur de 30 à 40 % des calories qu'elle consomme, ce ratio tombe à moins de 10 % pour les protéines. Sans compter que si l'on prenait en compte dans ce calcul les importations d'engrais azotés, précurseurs indispensables à la synthèse des protéines par les plantes, la France serait déficitaire ! À l'échelle de l'Europe, la situation n'est pas meilleure. En effet, la France y est l'un des rares pays excédentaires, si bien que les exportations françaises vers les pays tiers sont plus que compensées par les importations des autres pays, notamment les Pays-Bas, l'Espagne ou l'Italie. Ces derniers élèvent en effet bien plus d'animaux qu'ils ne peuvent en nourrir avec leur surface agricole ! Au final, l'Union européenne se révèle importatrice nette non seulement de protéines, mais sa dépendance aux importations de soja induit une dépendance nette en calories, comme le montre la quasi-homothétie entre les deux courbes (voir figure 10).

Dit autrement, l'Union européenne dépend du reste du monde pour se nourrir ; ou plus exactement, pour nourrir un cheptel dont elle consomme la majorité de la production : lait, œufs et viande. Or, on l'a vu au chapitre 2, notre consommation de protéines animales se révèle très largement supérieure aux besoins nutritionnels[30]. La réduire permettrait de diminuer les quantités de céréales et autres oléo-protéagineux donnés aux animaux. Donc de réduire nos importations de soja, et d'accroître nos exportations de céréales. Et par là même d'améliorer significativement la contribution de la France et de l'Union européenne aux équilibres alimentaires mondiaux.

30. Je renvoie à nouveau ici aux travaux de Florent Vieux ainsi qu'à la publication conjointe entre la Société française de nutrition et le Réseau action climat : Vieux, F., *et al.* (2022), « Approximately half of total protein intake by adults must be animal-based to meet nonprotein, nutrient-based recommendations, with variations due to age and sex », *The Journal of Nutrition*, 152 (11), p. 2514-2525.

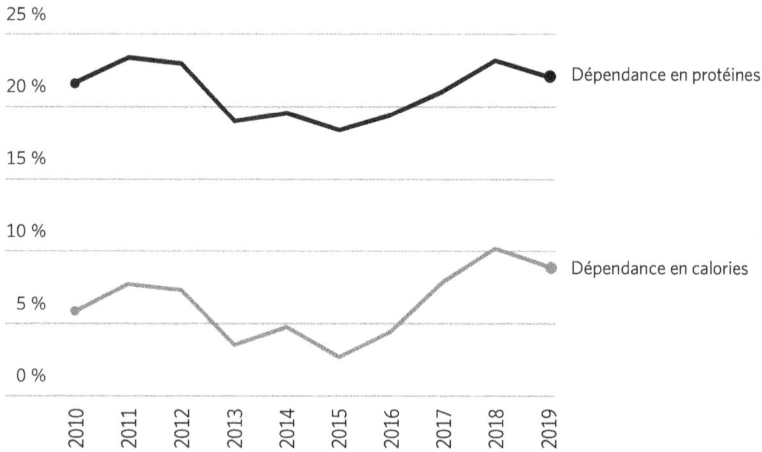

Figure 10. Dépendance calorique et protéique de l'Union européenne.
Source : auteur, d'après données FAOStat.

Lecture : le taux de dépendance est le ratio $\frac{\text{import-export}}{\text{consommation}}$. *Une valeur négative indique une situation d'exportateur ; une valeur positive un statut de dépendance aux importations. Le pourcentage traduit l'importance de ce bilan au regard du total des consommations*

Pour mesurer l'importance relative d'un changement de régime alimentaire par rapport à une hausse des rendements, on peut comparer deux scénarios contrastés : un scénario de référence, dans lequel les rendements augmentent de 10 % en moyenne, associé à des régimes alimentaires stables ; et un scénario agroécologique, où l'adoption de régimes alimentaires sains se conjugue à des pertes de rendements. Les résultats de la modélisation montrent d'une part qu'il n'y a pas de différence dans les exportations *brutes* de calories de l'Union européenne entre les deux scénarios. Mais il y a plus : on constate que l'abandon des importations de soja, devenues inutiles du fait de l'évolution des modes de production animale et des modes de consommation, permettrait à l'Europe de passer d'un statut d'importatrice nette de calories (situation en 2010 et dans le scénario de référence) à celui d'exportatrice nette (situation dans le scénario agroécologique)[31].

Pour résumer, si la France contribue bien aux équilibres alimentaires de certains de ses partenaires commerciaux – l'Afrique du Nord et le Moyen-Orient en premier lieu –, la meilleure manière de renforcer cette contribution est de réduire la part de la production céréalière qui part en alimentation animale.

Il reste un dernier malentendu en matière alimentaire à dissiper : celui selon lequel la France aurait un rôle d'autant plus important à jouer que nombre de pays dans le monde ne sont pas, et ne seront jamais, en capacité de produire *plus*. Mais les pays dans lesquels les conditions pédoclimatiques (définies par la combinaison entre le régime de température, le régime de précipitation et la qualité des sol) contraignent à ce point la production agricole se localisent pour l'essentiel en Afrique du Nord et au Moyen-Orient – qui sont déjà des partenaires commerciaux importants de la France. En revanche, la majorité des pays aujourd'hui structurellement importateurs de nourriture pourraient théoriquement produire plus et mieux[32]. Dans ces pays, réduire l'écart entre les rendements actuels et les rendements potentiels, qui atteint parfois jusqu'à 90 % du rendement potentiel, offre des marges de manœuvre considérables (voir encadré 1). Et leurs besoins pour cela sont de deux natures : des conditions de marché loyales et justes, afin d'éviter que les productions nationales ne soient supplantées par des

31. Schiavo, M., *et al.* (2023), « The land use, trade, and global food security impacts of an agroecological transition in the EU », *Frontiers in Sustainable Food Systems*, 7.

32. Voir pour une analyse précise et des scénarios : Fader, M., *et al.* (2013), « Spatial decoupling of agricultural production and consumption : Quantifying dependences of countries on food imports due to domestic land and water constraints », *Environmental Research Letters*, 8 (1), 014046.

importations à bas prix, comme ce fut trop longtemps le cas du fait des excédents structurels européens et américains[33] ; et des investissements en recherche et développement *adaptés aux conditions de production*, c'est-à-dire portant sur des variétés locales, en dehors des principales céréales et oléagineux qui trustent l'essentiel de la recherche agronomique internationale.

Au fond, si les rendements pouvaient augmenter en France et en Europe de manière durable, on aurait tort de s'en priver. Cependant, ce qui précède montre qu'en matière de sécurité alimentaire, d'autres leviers plus efficaces mériteraient qu'on leur consacre plus d'énergie. Parmi eux : la baisse de la dépendance de l'agriculture aux énergies fossiles, une meilleure régulation des marchés agricoles internationaux, la réduction de la part des productions végétales utilisées en production animale ou encore la réorientation de la recherche agronomique pour répondre aux besoins spécifiques de nombre de pays du Sud aujourd'hui importateurs, mais où le potentiel agronomique est important. Reste, *in fine*, à comprendre si oui ou non l'intensification en France pourrait effectivement être *durable*. Et, pour cela, c'est vers les liens entre rendements et biodiversité qu'il faudra (et à nouveau !) se tourner. Mais avant cela, le rôle de la biomasse dans la « résolution » de la question énergétique et climatique demande quelques développements.

Le défi climatique

Les tenants de l'intensification – durable ou pas – indique que produire *plus* de biomasse sera une nécessité pour

33. Matthews, A. (2008), « The European Union's common agricultural policy and developing countries : The struggle for coherence », *European Integration*, 30 (3), p. 381-399.

décarboner l'économie. Et, en effet, décarboner l'économie suppose à moyen terme la sortie des énergies fossiles sous toutes leurs formes : gaz, pétrole, pétrochimie... Leur substitution partielle par de la biomasse est l'un des leviers dont on dispose pour cela. On remplace ainsi du carbone fossile qui serait sinon resté dans les sols et dont l'usage libère du CO_2, par du carbone renouvelable, inclus dans un cycle vertueux. Toute la question est alors de savoir *combien* il faudrait produire en plus pour contribuer significativement à la décarbonation ; et si, *réellement*, une telle contribution de l'agriculture serait envisageable.

En France, les réflexions actuelles en la matière laissent entrevoir un déséquilibre significatif entre offre et demande en biomasse : les besoins en biomasse énergétique dépasseraient d'ici à 2035 le potentiel de production, compte tenu des hypothèses que l'on peut faire sur les autres sources d'énergie et les autres usages de la biomasse. Dans ce contexte, chercher à produire plus semble plutôt une bonne idée. Cependant, lorsqu'on examine de près les hypothèses retenues, les marges de manœuvre apparaissent extrêmement ténues : les projections envisagent ainsi des rendements en légère hausse (+ 5 % d'après l'INRAe) ; un développement significatif des autres énergies renouvelables (de × 2 sur l'éolien terrestre à × 14 sur l'éolien marin, en passant par × 3 sur le photovoltaïque) ; et une baisse de la consommation finale d'énergie de 25 % d'ici à 2035[34]. La part de biomasse allouée à l'alimentation animale, importée ou produite sur place, n'est par contre pas revue à la baisse, ou de manière très marginale.

34. Voir gouvernement français (2024), *Planifier une France décarbonée. Mise en concertation de la PPE et de la SNBC.*

Une telle situation illustre que même pour un pays relativement bien doté en terres arables comme la France, le bouclage biomasse se révèle délicat. Et c'est évidemment encore plus vrai à l'échelle mondiale, où le ratio de terres arables par habitant est bien moins favorable qu'en France : à cette échelle, de trop faibles efforts de réduction de la demande énergétique obligeraient à un développement annuel des cultures énergétiques plus de quatre fois supérieur au rythme de développement du soja, la culture ayant connu la plus forte expansion au monde au cours des dernières années[35].

En ce sens, l'enjeu est d'abord de gérer la rareté de la biomasse agricole, avant de miser sur son hypothétique accroissement en volume. Et cela passe par des actions tant sur l'offre que sur la demande. Du côté de la demande, il s'agit d'allouer la biomasse aux usages prioritaires, c'est-à-dire là où elle ne peut être remplacée, et de combiner cela avec une réduction des usages : alimentation humaine en premier lieu, alimentation animale lorsqu'il n'y a pas (ou de manière minimale) compétition avec l'alimentation humaine (c'est-à-dire en valorisant au maximum les coproduits et les fourrages non utilisables par l'homme), matériaux biosourcés ; finalement, les usages énergétiques doivent être limités à la valorisation des coproduits, en apportant autant que faire se peut des cobénéfices, comme dans certaines formes de méthanisation agricole à petite échelle – excluant de fait les biocarburants[36]. Du côté de l'offre, la priorité est de maintenir le potentiel productif

35. Voir, par exemple, Turner, P. A., *et al.* (2018), « Unprecedented rates of land-use transformation in modelled climate change mitigation pathways », *Nature Sustainability*, 1 (5), p. 240-245.
36. Searchinger, T., *et al.* (2022), « EU climate plan sacrifices carbon storage and biodiversity for bioenergy », *Nature*, 612 (7938), p. 27-30.

des terres arables, condition d'un éventuel accroissement des rendements[37]. Cela passe notamment par un retour au sol de biomasse suffisant, comme nous l'avons vu au chapitre 2 ; mais aussi par le fait d'assurer la résilience des agroécosystèmes, et le maintien d'un niveau suffisant de biodiversité ; tout cela, dans un contexte où les changements climatiques *déjà là* vont continuer à affecter négativement les rendements : les rendements en blé tendre ont par exemple été très en deçà de leur moyenne une année sur trois entre 2016 et 2024, du fait de la conjugaison des événements extrêmes. C'est sur ces liens entre biodiversité des agroécosystèmes, résilience et rendements qu'il nous faut à présent nous tourner.

Hauts rendements et biodiversité

La biodiversité des agroécosystèmes joue un rôle clé pour le maintien de ce que l'on pourrait appeler leur « potentiel productif à long terme ». Toute la question est donc de savoir si, et à quelles conditions, il serait possible d'obtenir des gains de rendements supplémentaires en recouvrant (au moins) une partie de la biodiversité des champs perdue depuis les quarante dernières années (voir chapitre 2). Pour répondre à la question, revenons rapidement à quelques « fondamentaux ».

La biodiversité des champs se manifeste d'abord par la diversité et l'abondance d'un grand nombre d'organismes : les insectes, la micro- et la macrofaune du sol (les vers de terre, les collemboles, les bactéries et autres virus qui peuplent le sol), les oiseaux ou les petits mammifères, ou encore des plantes dites « messicoles »

37. Aubert, P.M., *et al.* (2023), « Biomasse et neutralité climat en 2050 : gérer la rareté pour maintenir des écosystèmes productifs et résilients », *Iddri. Propositions*, 03.

qui accompagnent ou précèdent les cultures annuelles sans les concurrencer. Pour favoriser la biodiversité des champs, quatre conditions ont été identifiées très clairement : une forte diversité, tant des cultures en rotation que des structures paysagères, avec notamment 20 à 25 % de végétation semi-naturelle dans les paysages ; une gestion la plus « circulaire » possible des nutriments et notamment de l'azote pour réduire les apports et les surplus ; une réduction massive des pesticides ; et une couverture des sols la plus permanente possible. Car la présence de ces organismes comme les relations qu'ils établissent entre eux et avec les plantes cultivées fournissent ensuite à l'agriculture ce que l'on appelle des « services écosystémiques » indispensables : pollinisation des oléagineux, fruits et légumes ; régulation des pathogènes et des parasites ; recyclage des éléments nutritifs dans les sols (azote, phosphore, potasse) ; structuration des sols…

Finalement, pour mesurer cette biodiversité de manière simple, les services de la Commission européenne ou du ministère de l'Écologie en France utilisent depuis plus de quarante ans un indicateur synthétique relativement simple : l'abondance et la diversité des oiseaux des champs. En effet, les oiseaux se nourrissent de graines ou d'insectes et sont pour ainsi dire au sommet de la « chaîne alimentaire » des champs. Une réduction ou une simplification de leur population signifie que le reste de la chaîne alimentaire s'est rétréci, et signale ainsi une érosion de la biodiversité des champs.

Forts de ces quelques éléments, nous pouvons formuler la question à résoudre plus précisément : dans quelle mesure le paquet technologique de l'intensification durable – génétique, agriculture de précision, biocontrôle – peut-il se déployer tout en respectant les quatre conditions d'une forte biodiversité des champs telles qu'énoncées ci-dessus : diversité, circularité, couverture des sols et usage minimal des pesticides ? Pour y répondre, destination le Danemark. Le pays est en effet connu pour être un des « bons élèves » de la stratégie d'intensification durable. Alors que les rendements connaissent une hausse continue, on y utilise aussi au moins l'une des technologies de l'agriculture de précision sur près de 70 % des surfaces cultivées ; et les acteurs des « biosolutions » y sont particulièrement actifs pour développer des produits de biocontrôle et investir dans les nouvelles techniques d'édition du génome. Malgré cela, et malgré le fait que cette dynamique soit relativement ancienne, l'indicateur de biodiversité (l'abondance et la diversité des oiseaux des champs) ne se porte pas très bien. Après avoir diminué de plus de 30 % entre 1990 et 2018, il s'est tout juste stabilisé depuis. Par ailleurs, les émissions de gaz à effet de serre n'ont baissé que de 5 % depuis 2000[38]. Comment expliquer cela ? En quoi le déploiement de ces technologies a-t-il permis, ou non, d'améliorer la situation sur les quatre conditions suscitées ? Quelles sont les perspectives d'amélioration ?

Commençons par la condition la plus cruciale : la diversification des rotations et des paysages. Du côté de la diversité des cultures, le Danemark fait face aux mêmes difficultés que la France : en dehors des grandes cultures céréalières et oléagineuses, les filières n'y sont pas structurées, et les cultures n'y sont pas plus diversifiées malgré le déploiement de certaines pratiques de l'intensification durable. Il est en effet (quasiment) impossible aux agriculteurs de se diversifier alors qu'ils n'ont ni fournisseurs de semences, ni garanties de débouchés

38. Toutes les données agroenvironnementales sont issues de OECD (2023), *Measuring the Environmental Performance of Agriculture Across OECD Countries. Danemark (13)*, OECD.

à l'aval[39]. Au sein du paquet technologique de l'intensification durable, les nouvelles techniques d'édition du génome sont souvent convoquées pour répondre à cette situation ; leur déploiement doit abaisser les coûts de la sélection variétale et permettre d'élargir la gamme de cultures proposée aux agriculteurs, favorisant la diversification. Cependant, les recherches en cours et les brevets déposés continuent de concerner majoritairement les espèces majeures du système agricole mondial – blé, maïs, riz, colza, soja, ainsi que la tomate[40]. Par ailleurs, quand bien même de nouvelles variétés seraient proposées aux agriculteurs, la diversification des cultures ne se joue pas qu'à l'amont agricole : elle a des conséquences en cascades sur l'organisation des filières, qu'aucun acteur ne juge aujourd'hui viable économiquement[41]. Dit autrement, si les nouvelles technologies d'édition du génome peuvent contribuer à la rediversification des cultures, cela suppose aussi des changements du côté de l'industrie – que cette dernière n'est peut-être pas prête à faire ! Nous y reviendrons au prochain chapitre.

Quant à la rediversification des structures paysagères – atteindre 20 à 25 % de végétation semi-naturelle dans le paysage agricole –, rien dans le paquet technologique de l'intensification durable n'y conduit facilement. Pire encore : les agroéquipements de l'agriculture de précision favorisent très souvent la simplification paysagère du fait de leur taille et des technologies en jeu. Le guidage GPS des tracteurs ou la modulation de dose

39. Meynard, J.-M., *et al.* (2018), « Socio-technical lock-in hinders crop diversification in France », *Agronomy for Sustainable Development*, 38 (5), p. 54.
40. Hüdig, M., *et al.* (2022), « Genome editing in crop plant research : Alignment of expectations and current developments », *Plants*, 11 (2), p. 212.
41. Gardin, B., *et al.* (2024), *Quelle stratégie d'adaptation et de transition bas-carbone pour le secteur des grandes cultures en Champagne-Ardenne ?*, Iddri errasolis.

intraparcellaire sont par exemple d'autant plus efficaces que les champs sont droits et de grande taille… Sans compter que les investissements consentis pour s'équiper pèsent sur les comptes de l'exploitation, qui a intérêt à réduire ses charges au maximum. La simplification du parcellaire est à cet égard une option fréquemment choisie : elle simplifie grandement le travail.

Qu'en est-il du côté de l'économie circulaire et de la gestion de l'azote ? L'agriculture de précision promet à cet égard de réduire les surplus azotés en apportant « la bonne dose, au bon moment, au bon endroit ». Cependant, malgré un fort déploiement de l'agriculture de précision au Danemark, et malgré des contraintes réglementaires en vigueur depuis plus de trois décennies, les surplus azotés ne sont jamais descendus en dessous d'un plateau élevé (> 75 kg/ha/an de terre agricole, soit près de deux fois la moyenne en France), synonyme de pollution des cours d'eau et des écosystèmes ; et ils sont même repartis à la hausse depuis 2018[42]. Il faut dire que l'agriculture de précision contribuera d'autant mieux à une économie circulaire de l'azote qu'elle sera combinée avec d'autres leviers : une évolution du « mix variétal » (c'est-à-dire les espèces cultivées) en faveur des espèces les plus à même de capter l'azote apporté par l'agriculteur ; une réduction des apports totaux d'azote, qui favorise une captation quasi intégrale des engrais par les plantes ; et une couverture permanente des sols, notamment en hiver, qui limite les pertes d'azote au cours des périodes humides. Dans le cas du Danemark, l'accent a été mis sur l'efficience dans l'usage de l'azote, plus que sur la circularité et la baisse des surplus en valeur absolue. Ainsi, la part des légumineuses n'a pas significativement augmenté, ni celle

42. Dessirier, B., *et al.* (2023)., « A century of nitrogen dynamics in agricultural watersheds of Denmark », *Environmental Research Letters*, 18 (10), 104018.

des couverts végétaux hivernaux, tandis que les apports totaux restent élevés, illustrant les limites d'une recherche focalisée sur le duo efficience/rendements.

L'objectif de réduction des produits phytosanitaires raconte une histoire sensiblement similaire. En effet, on présente souvent l'articulation entre l'agriculture de précision – la bonne dose, au bon moment, au bon endroit – et la substitution par des produits de biocontrôle comme une trajectoire de réduction massive de l'usage des pesticides. Là encore, le Danemark est un cas d'étude intéressant. L'agriculture de précision s'y est en effet combinée à la mise en place d'une taxe ambitieuse sur les pesticides en 2012. Celle-ci a eu pour effet d'encourager la substitution des produits les plus dangereux (évalués selon leur niveau de risque pour la santé humaine, leur impact toxicologique pour les écosystèmes et leur rémanence dans les écosystèmes) par des produits moins dangereux. Entre 2012 et 2019, la charge en pesticides, basée sur cet indicateur de dangerosité a ainsi baissé de 16 %. Cependant, cette baisse s'est accompagnée d'une augmentation des quantités totales utilisées : l'indice de fréquence de traitement, qui mesure l'importance du recours aux produits phytosanitaires, a augmenté de 16 %[43]. C'est qu'en matière de pesticides, une stratégie fondée sur une « simple » logique de substitution comporte de nombreuses limites. Une baisse significative de l'usage des pesticides suppose, en plus de cela, une mobilisation de l'ensemble des outils de la lutte biologique[44], comme la diversification des rotations, pour réduire la pression parasitaire ; ou encore le retour

43. Nielsen, H. Ø., *et al.* (2023), « Ex-post evaluation of the Danish pesticide tax : A novel and effective tax design », *Land Use Policy*, 126, 106549.
44. Fauvergue, X., Rusch, A., Barret, M., Bardin, M., Jacquin-Joly, E., Malausa, T., Lannou, C. (dir.) (2020), *Biocontrôle. Éléments pour une protection agro-écologique des cultures*, Quae.

de la « végétation semi-naturelle », hôte d'ennemis naturels favorable au contrôle des parasites. C'est d'autant plus vrai dans le domaine des grandes cultures, qui occupent l'essentiel de la surface agricole utile danoise (et française). Dans ce secteur en effet, les produits de biocontrôle ne sont pas légion et ne concernent que peu de problématiques. Pire encore : les substituer terme à terme à des produits conventionnels est quasiment impensable tant leurs désavantages sont criants ; les produits de biocontrôle sont plus compliqués à stocker, plus fastidieux à épandre, et globalement moins efficaces pour lutter contre les parasites ou maladies ciblées[45].

Au final, les outils de l'intensification durable présentent certainement de vrais atouts pour réduire les impacts de l'agriculture actuelle sur l'environnement. Cependant, dès lors que leur déploiement est conditionné à la recherche de gains de rendement, ces améliorations restent largement marginales. Dans ces conditions, le cas du Danemark nous montre qu'ils ne permettent pas de reconquérir pleinement la biodiversité des champs et des paysages agricoles, pourtant nécessaire au maintien à long terme de leur productivité.

Conclusion : remettre la durabilité au premier plan !

Au terme de ce chapitre, que retenir du potentiel de l'intensification durable dans le contexte français et européen ? Le moins qu'on puisse dire, c'est d'abord que la promesse

45. Boutet, M., Parmentier-Cajaiba, A. (2020), « Le biocontrôle : perspectives de structuration d'un secteur en développement », *in ibid.*, p. 245-258.

de durabilité environnementale est fragile ; en mettant la recherche de gains de rendement au centre, l'intensification durable telle qu'elle se déploie aujourd'hui ne se donne pas les moyens de contribuer efficacement à la reconquête de la biodiversité dans les agroécosystèmes. Certes, elle peut prétendre contribuer à la sauvegarde de la biodiversité *ailleurs* en convoquant les résultats des travaux sur le *land sparing*. Mais à quoi bon sauvegarder la biodiversité *ailleurs* si, au bout du compte, les agrosystèmes français se retrouvent vidés de leur biodiversité et dans l'incapacité de produire sur le long terme ?

Ce manque de durabilité environnementale interroge d'autant plus que produire *plus* en France n'est aujourd'hui pas une priorité pour améliorer la contribution du pays aux équilibres alimentaires mondiaux. D'autres solutions, à base de régulation des marchés, de réduction de la dépendance de l'agriculture aux énergies fossiles, d'évolution des pratiques alimentaires, ou de soutien au développement agricole dans les pays du Sud, se révéleraient des leviers bien plus efficaces. Et, en matière climatique, la situation est à peu près similaire : une hausse de la production de biomasse ne serait pas d'un grand secours si l'on souhaitait s'affranchir des énergies fossiles sans réduire l'intensité énergétique de nos modes de vie et sans développer les renouvelables. La priorité est plutôt, là encore, au maintien du potentiel productif à long terme des agroécosystèmes.

Cette priorité se comprend d'autant mieux lorsqu'on examine de plus près les liens entre intensification durable et résilience. En effet, l'intensification durable *telle qu'elle est aujourd'hui déployée* conduit à une agriculture peu diversifiée et toujours très dépendante des énergies fossiles, des engrais azotés, ou encore de l'alimentation animale à base de soja. Au cours des dernières années, cette agriculture s'est révélée bien peu robuste face aux nombreux chocs qui l'ont heurtée : hausse du coût des engrais et de l'énergie en 2022, sécheresse de 2020, saison trop humide en 2016 et 2024, rupture d'approvisionnement en tourteaux de tournesols en 2022 du fait de la guerre en Ukraine, épizooties animales (grippe aviaire, peste porcine africaine, fièvre cataracte ovine, etc.). La conséquence ? Une augmentation sans précédent des dépenses publiques pour remettre à flot les trésoreries et compenser les pertes enregistrées par les exploitations : entre 2017 et 2022, ces dépenses ont ainsi été multipliées par plus de 8, passant de 260 millions d'euros à plus de 2,1 milliards d'euros[46]. Or la fréquence de ces chocs va plutôt aller croissant.

Et pourtant… Combien de dirigeants agricoles, lorsqu'ils parlent d'intensification *durable*, pensent en réalité intensification *tout court* ? Il faut dire que résister au pouvoir d'attraction de l'intensification « durable » et de son paquet technologique relève de l'exploit : qui pourrait en effet renoncer à une triple promesse de réalisme économique, de performances environnementales et de contribution à la cause commune de la sécurité alimentaire mondiale ? Ce que montre ce chapitre, c'est pourtant la nécessité de résister à ces promesses : non pour jeter aux orties l'ensemble du paquet technologique de l'intensification durable, mais pour réfléchir à la manière de le mettre au service d'une trajectoire de transition *réellement* durable. Avant d'y venir en conclusion, le prochain chapitre examinera de plus près la promesse agroécologique.

46. Bonvillain, T., *et al.* (2024), *Estimation des dépenses publiques liées aux crises agricoles en France entre 2013 et 2022*, I4CE.

CHAPITRE 5

Produire mieux

Les défis de la transition agroécologique

Au regard des atouts et des limites de l'intensification (durable), que peut apporter l'agréocologie ? Commençons par en donner une définition plus précise : l'agroécologie est une *trajectoire d'innovation agronomique* ; en s'appuyant plus fortement sur des processus écologiques clés – les cycles biogéochimiques et les relations fonctionnelles entre espèces – elle vise à améliorer la production et à préserver les agrosystèmes par la réduction des dépendances aux intrants que sont les engrais, les pesticides ou les concentrés pour animaux. En misant sur les écosystèmes plus que sur ces intrants, et en mettant la préservation des agrosystèmes avant la hausse des rendements, l'agroécologie se situe ainsi en rupture par rapport à la trajectoire historique de la modernisation agricole et à ses prolongements par l'intensification durable.

C'est muni de cette définition que nous nous attaquerons à une série de questions aussi redoutables qu'essentielles : peut-on montrer, chiffres à l'appui, le potentiel *réel* de l'agroécologie pour le climat, l'alimentation et la biodiversité ? En particulier, l'agroécologie peut-elle nourrir sainement 530 millions d'Européens sans affamer le reste du monde et, de ce fait, constituer une boussole robuste pour transformer le système alimentaire européen en profondeur ? Quelles en sont les implications socio-économiques ? Quelles mesures d'accompagnement suppose-t-elle ? Nombre de ces questions ont été abordées ailleurs et par d'autres, mais rarement toutes ensemble et de manière systématique. Une fois rappelé que, oui, l'agroécologie est bien une option crédible au regard des besoins alimentaires comme des enjeux climatiques et plus largement environnementaux, ce sont les défis socio-économiques et politiques qu'il faudra détailler, pour mieux comprendre comment ils peuvent être surmontés.

Une agroécologie ambitieuse pour des résultats prometteurs

Pour imaginer à quoi pourrait ressembler une Europe agroécologique, examinons le scénario dit « TYFA » (pour Ten Years for Agroecology in Europe), que nous avons développé avec Xavier Poux. Le scénario repose sur une modélisation originale de la « ferme Europe » permettant d'explorer les impacts de changements de production et de consommation sur les équilibres alimentaires, l'usage des terres, les émissions de gaz à effet de serre ou encore la biodiversité. Publié en 2018, ce scénario montre sans ambiguïté qu'une agroécologie ambitieuse peut tout à la fois nourrir les Européens sainement et améliorer la contribution de l'Europe aux équilibres alimentaires mondiaux[1]. Regardons de plus près ce qu'il y a derrière ce résultat.

Le scénario repose d'abord sur des hypothèses très convergentes avec les objectifs du Pacte vert européen, mais qu'il pousse un cran plus loin. Dans sa conception même, le scénario se veut en effet radical : on peut le voir comme une expérience de pensée visant à explorer l'espace des possibles. Passons rapidement en revue ses hypothèses ; leur compréhension sera en effet essentielle pour saisir les implications économiques de l'agroécologie.

La première hypothèse concerne – ô surprise ! – la gestion de la fertilité et de l'azote. L'agroécologie repose en effet sur une gestion circulaire de la fertilité, à la plus petite échelle territoriale possible. Dans le scénario, cela se traduit par des choix très ambitieux : abandon des engrais chimiques et des importations de soja, réintroduction des légumineuses fixatrices d'azote dans les rotations culturales, reconnexion entre culture et élevage pour bénéficier des échanges de fertilité entre les deux, et enfin forte baisse de la densité des animaux dans les territoires pour éviter la concentration de l'azote.

La deuxième hypothèse est l'abandon des pesticides de synthèse. En effet, les connaissances actuelles peinent à identifier ce que pourrait être la « juste dose » de pesticide chimique compatible avec la préservation de la santé humaine (pour les agriculteurs comme les consommateurs) et de la biodiversité. En revanche, les impacts négatifs des pesticides sont visibles dès

1. Voir pour une présentation détaillée du scénario et de ses hypothèses : Poux, X., Aubert, P.-M. (2018). *Une Europe agroécologique en 2050 : une agriculture multifonctionnelle pour une alimentation saine*, Iddri, 77 p. Pour plus de détails sur le volet climat, on peut se référer à : Aubert, P.-M., *et al.* (2019), *Agroecology and Carbon Neutrality in Europe by 2050 : What Are the Issues ? Findings from the TYFA Modelling Exercise*, Iddri .Study.

la première dose – sans parler des effets cocktails. La combinaison de cette hypothèse d'abandon des pesticides chimiques et de celle qui précède, sur la gestion de l'azote, nous a conduits à utiliser les rotations culturales et les rendements aujourd'hui constatés en agriculture biologique comme base du scénario.

La troisième hypothèse concerne la réintroduction de la végétation semi-naturelle à hauteur de 25 % dans les paysages. Cette végétation permet en effet de fournir le gîte et le couvert aux plantes et organismes qui contribuent au bon fonctionnement des agroécosystèmes. Elle prend deux formes principales. D'un côté, les 9 millions d'hectares de prairies naturelles que compte la France en représentent la majorité ; ces prairies se redéploient à travers tous les territoires, alors qu'elles se concentrent aujourd'hui dans quelques régions ; et elles sont pâturées extensivement par les ruminants. Elles sont complétées d'un autre côté par des « infrastructures agroécologiques » ponctuelles ou linéaires – haies, bosquets, chemins creux, zones humides – dont l'importance augmente légèrement pour occuper 10 % des terres cultivables contre 7 % aujourd'hui.

Une quatrième hypothèse de cette modélisation est relative aux productions animales. Tandis que les ruminants sont nourris de manière quasi exclusive à l'herbe et au foin afin de valoriser les prairies extensives, les monogastriques – porcs et poulets – consomment en premier lieu les coproduits de l'industrie agroalimentaire pour réduire la concurrence avec l'alimentation humaine. Tous sont enfin élevés à des densités bien moindres qu'aujourd'hui et ont accès à l'extérieur afin d'accroître leur autonomie dans une approche ambitieuse du bien-être animal.

L'agroécologie telle qu'envisagée dans notre scénario repose, cinquièmement, sur l'adoption de régimes alimentaires équilibrés et plus sains. Une plus grande place est faite à ce qui nous manque le plus aujourd'hui : les fruits et les légumes, et les légumes secs, qui apportent les fibres et micronutriments dont nous avons besoin. En vis-à-vis, les produits animaux sont remis à leur juste place : la consommation de viande est divisée par deux et celle de produits laitiers réduite de 40 %, tandis que la consommation d'œufs et de produits de la mer est stable.

Sixièmement, les usages non alimentaires de la biomasse arrivent en dernier dans la liste des usages : l'alimentation humaine et animale et le retour aux écosystèmes ont ainsi la priorité.

Avec un jeu d'hypothèses aussi radical, le scénario que nous avons développé montre que l'espace des possibles est bien plus vaste que ce qu'on admet généralement. Un système alimentaire européen organisé de la sorte permettrait d'abord de nourrir sainement 530 millions d'Européens et d'améliorer la contribution de l'Europe aux équilibres alimentaires mondiaux, ce malgré les baisses de production qu'entraînent certaines hypothèses : une baisse de 30 % pour les productions végétales et de près de 45 % pour les productions animales. Mais ces baisses sont plus que compensées par les changements de régime alimentaire d'un côté et l'abandon des importations de protéines végétales pour nourrir les animaux de l'autre. Au final, alors que l'Europe est aujourd'hui importatrice nette de protéines comme de calories, à hauteur respectivement de 25 et 10 % de ce qu'elle consomme, elle pourrait sous de telles hypothèses redevenir exportatrice nette dans les deux cas !

Par construction, ce scénario permet en outre de faire revenir la biodiversité sous toutes ses formes dans l'ensemble des paysages agricoles, contribuant à la résilience des modes de production face aux changements globaux. L'eau des rivières et des nappes phréatiques, aujourd'hui dégradée par les pesticides et les surplus azotés, redevient saine pour les humains et les organismes aquatiques. Enfin, les émissions de gaz à effet de serre sont réduites de près de 50 %, les sols, mieux gérés, couverts en permanence, stockent jusqu'à 200 millions de tonnes de CO_2eql chaque année, tandis qu'une part de la biomasse sert à produire de l'énergie avec parcimonie.

Un tel scénario ne prétend cependant pas « tout » résoudre : des questions agroenvironnementales restent ouvertes. Elles concernent par exemple la possibilité de fournir aux plantes tout l'azote dont elles ont besoin en s'affranchissant *totalement* des engrais de synthèse[2], la faible disponibilité en biomasse pour accompagner la décarbonation du reste de l'économie, ou encore le besoin de réduire *encore plus fortement* les émissions de gaz à effet de serre dans le secteur agricole pour atteindre la neutralité climatique.

D'autres travaux publiés dans les années qui ont suivi montrent cependant que répondre à ces questions relève plus d'ajustements du scénario que d'une remise en cause de la vision qui le sous-tend. En effet, nous avons volontairement été très conservateurs dans les hypothèses adoptées. Par exemple, les pertes et gaspillages ne baissent que de 10 % pour éviter que les bonnes performances du scénario ne puissent être attribuées à des hypothèses trop optimistes à cet endroit – lors même que les objectifs fixés par les politiques publiques

2. Ce point est notamment discuté par Barbieri, P., *et al.* (2021), « Global option space for organic agriculture is delimited by nitrogen availability », *Nature Food*, 2 (5), p. 363-372. Nous apportons des précisions dans Poux, X., Aubert, P.-M. (2022), « Putting permanent grassland at the heart of a European agroecological transition : Findings and questions arising from the "Ten Years for Agroecology" (TYFA) scenario », *Grass and Forage Science*, 77 (4), p. 257-269.

sont nettement plus ambitieux. De même, nous considérons des rendements similaires à ceux constatés *aujourd'hui* en agriculture biologique, alors que les progrès de la génétique permettront des améliorations. Sur l'azote enfin, des travaux importants promettent de réduire les impacts des engrais de synthèse, tandis que les recherches sur la fixation symbiotique de l'azote par des céréales vont bon train ; dans cette perspective, il est possible d'envisager de desserrer la contrainte azotée tout en restant dans une logique agroécologique, et ainsi de limiter de manière importante les baisses de production. Ce d'autant plus que, comme on va le voir, ces baisses de production posent des défis économiques bien réels.

Appréhender les défis économiques et politiques de l'agroécologie

Que compter et comment ?

Le débat sur l'économie de la transition agroécologique semble pris entre trois positions au premier abord irréconciliables. Les deux premières affirment de manière cohérente que les effets positifs de la transition l'emportent très largement sur les éventuels coûts, en portant le regard sur différentes dimensions du système. La plupart des modélisations économiques « standards » soutiennent au contraire que les impacts seront indubitablement négatifs et très difficiles à prendre en charge ou à compenser. Comment s'y retrouver ? Et comment sortir de cette controverse stérile, qui a peu fait avancer la discussion collective jusqu'ici ? Passage en revue des arguments en présence.

Du côté des propos « positifs », l'accent est d'abord mis sur l'emploi. Parce qu'elle repose sur une compréhension fine des processus écologiques qu'on ne peut déléguer entièrement à des machines, et parce qu'elle suppose une augmentation drastique de la production de fruits et légumes, la transition agroécologique générerait bien plus d'emplois à l'hectare qu'aujourd'hui. Ce sont ainsi des centaines de milliers d'emplois porteurs de sens qui pourraient être créés, une chance dans une société marquée par le chômage de masse et la perte de repères[3].

En outre, la transition permettrait de réduire significativement les coûts induits par les dysfonctionnements du système alimentaire actuel. Car la transition agroécologique apporte avec elle bien plus que des performances agronomiques : une meilleure santé des consommateurs et des agriculteurs, une qualité de l'eau retrouvée, des systèmes agricoles plus résilients aux chocs ou encore une baisse significative des émissions de gaz à effet de serre… Or la valeur de ces bénéfices n'est pas que morale : elle est proportionnelle à tous les coûts qu'ils permettent d'éviter. En effet, la pollution de l'eau suppose la dépollution ; l'impact sur la santé de régimes alimentaires déséquilibrés implique une prise en charge par le système de santé publique de ces maladies ; le manque de résilience des systèmes agricoles entraîne des coûts de gestion de crise croissant, là encore pris en charge par la puissance publique… Les estimations vont bon train[4] et convergent toutes vers l'idée

3. Voir par exemple The Shift Project (2022), *Énergie, climat. Le plan de transformation de l'économie française*, Paris, Odile Jacob, ou encore van der Ploeg, J.D., *et al.* (2019), « The economic potential of agroecology : Empirical evidence from Europe », *Journal of Rural Studies*, 71, p. 46-61.
4. Voir par exemple le récent rapport : FAO (2023), *Revealing the True Cost of Food to Transform Agrifood System*, Rome, FAO. Ce rapport indique que les « coûts cachés » du système alimentaire français atteindraient plus de

que la transition permettrait d'éviter de nombreuses dépenses publiques « inutiles » et que ces montants libérés pourraient alors être réalloués pour soutenir les acteurs engagés dans la transition.

Ces approches, qui consistent à montrer aux décideurs que les bénéfices de la transition sont bien plus élevés que ses coûts n'ont pas eu jusqu'à présent les effets escomptés – c'est le moins qu'on puisse dire[5]. Il faut donc aller au-delà de cette approche comptable et saisir plus finement les mécanismes économiques qui rendent la transformation du système alimentaire si compliquée pour les acteurs économiques.

Dans quelle mesure les modélisations économiques plus standards peuvent-elles nous y aider ? Dans ces travaux, que nous avons croisés au chapitre 1, l'accent est mis sur les pertes économiques induites par la transition agroécologique, de la ferme au niveau mondial – et jusqu'à présent ils ont plutôt été utilisés pour décrédibiliser la possibilité même d'une telle transition. Quel est le raisonnement ? La baisse des rendements et la hausse des besoins en main-d'œuvre qu'implique l'agroécologie entraînent d'abord une baisse de la production totale et, pire, une baisse de la productivité. Celle-ci se traduit

177 milliards d'euros par an. Avec une autre méthodologie, un rapport paru en 2024 indique que les dépenses effectives nécessaires à la prise en charge des impacts négatifs du système alimentaire français seraient de l'ordre de 70 milliards d'euros. Voir : BASIC (2024), *Étude sur la création de valeur et les coûts sociétaux du système alimentaire français*, Paris.

5. Une telle approche remonte – au moins – au rapport Stern, ancien vice-président de la Banque mondiale, professeur à la prestigieuse London School of Economics, et anobli par Sa Majesté. Paru en 2006, ce rapport veut montrer qu'en matière de climat, les coûts économiques de l'inaction sont incomparablement plus grands que les coûts de la décarbonation de nos économies ; et qu'à cet égard, avance Stern, agir – et vite – n'est plus une option. Voir Stern, N. (2006), *The Economics of Climate Change. The Stern Review*, Cambridge, Cambridge University Press.

par une chute de la compétitivité-prix, donc une hausse des importations et une baisse de la demande pour les productions nationales devenues moins compétitives – ce qui au passage aggrave encore la baisse de la production. Au niveau global, cette baisse de la production entraîne une hausse des prix, déstabilisant les équilibres alimentaires mondiaux ; si la situation profite aux pays capables de récupérer les parts de marché des Européens, elle affecte négativement tous les pays structurellement importateurs.

Rien que cela ! Cependant, les auteurs de ces modélisations reconnaissent eux-mêmes le caractère pessimiste de ces évaluations. En effet, leurs analyses ne prennent pas en compte une série de facteurs essentiels pour la transition : l'augmentation des efforts de recherche sur les systèmes agroécologiques, qui permettraient d'améliorer les rendements malgré les baisses d'intrants (pesticides et engrais), les changements de pratiques alimentaires, qui accompagneraient de manière cohérente la transformation du système agricole, ou encore la mise en œuvre de différentes mesures politiques susceptibles de réduire les impacts sur les consommateurs et sur les producteurs[6].

Saisir les reconfigurations de l'appareil productif

De ces différentes approches, les unes exagérément optimistes, les autres exagérément pessimistes, aucune ne fait l'effort de *qualifier* précisément ce que la transition agroécologique « fait » au système alimentaire – de la fourche à la fourchette. Tandis que les premières sont utilisées pour

6. Barreiro-Hurle, J., *et al.* (2021), « Modelling transitions to sustainable food systems : Are we missing the point ? », *EuroChoices*, 20 (3), p. 12-20.

défendre le bien-fondé de la transition, sans trop s'étendre sur les conditions économiques et politiques qui la rendraient viable, les secondes sont brandies pour en dénoncer l'irresponsabilité, sans rien dire des impasses dans lesquelles se trouve aujourd'hui notre système alimentaire.

Le parti pris adopté ici est que comprendre – *a fortiori* quantifier – les impacts économiques de la transition agroécologique suppose au contraire de saisir les changements qu'elle implique. Pour cela, les pages qui suivent proposent de répondre à trois types de questions.

Premièrement, quels changements l'agroécologie implique-t-elle dans l'organisation des fermes, leur taille, leur degré de spécialisation… ? dans la logistique de la collecte et du stockage des matières premières agricoles ? dans la taille et la localisation des industries agroalimentaires de première et de deuxième transformation ? ou dans l'importance relative du fait maison et de la restauration hors domicile dans les pratiques alimentaires ?

Deuxièmement, quels sont les effets économiques de ces changements : les coûts de production augmentent-ils ? La productivité du travail baisse-t-elle ? Combien coûtent les investissements éventuellement nécessaires ?

Troisièmement, comment aménager l'organisation économique actuelle pour rendre ces changements viables, voire positifs, pour les agriculteurs, les industriels, les consommateurs ? Car, pour le dire encore d'une autre manière, nul n'est besoin d'être un grand clerc pour comprendre qu'une trajectoire entraînant des baisses de production pose problème d'un point de vue économique dans les conditions actuelles. Mais à qui cela pose-t-il le plus problème ? Quelle est l'ampleur du problème ? Où, dans la chaîne de valeur, cela peut-il aussi apporter des bénéfices ? De quelles marges de manœuvre dispose-t-on pour réduire les impacts économiques négatifs et amplifier les aspects positifs ?

Des reconfigurations importantes

Valoriser ou automatiser ?

Commençons par le maillon des fermes. On s'en souvient, la productivité *physique* du travail est un déterminant essentiel tant du revenu agricole que du nombre d'emplois agricoles. Celle-ci résulte de l'évolution conjointe des *rendements* et de la *surface cultivée par agriculteur*. La prise en compte du niveau des *prix* agricoles permet de passer de la *productivité physique* à la productivité *économique*. Au cours de la modernisation agricole, l'augmentation des rendements et de la surface cultivée par agriculteur a été telle que la baisse du niveau des prix qui l'a accompagnée n'a pas empêché une hausse sensible des revenus ; elle s'est également accompagnée d'une réduction significative de l'emploi agricole. Depuis les années 2000, la stagnation des rendements et certaines limites physiques contribuent à un tassement de la productivité *physique* du travail ; comme par ailleurs les prix agricoles (en termes réels) n'ont pas augmenté, et que les charges de production (liés aux investissements et à l'achat des engrais, pesticides, énergie…) n'ont pas baissé, la productivité *économique* comme le revenu se sont mis à stagner. Qu'en serait-il dans le cadre d'une transition agroécologique ?

L'agroécologie entraîne d'abord *a minima* une stabilisation des rendements, et plus probablement une baisse qui pourrait aller dans les hypothèses les plus pessimistes jusqu'à 25 % (voir encadré 5). Elle suppose également une rediversification des systèmes de production, avec pour conséquence, en tout cas aujourd'hui, des besoins de main-d'œuvre à l'hectare (on parle d'*intensité en travail*) supérieurs aux systèmes conventionnels : de l'ordre de 10 à 50 %, avec de très fortes variabilités entre secteurs[7]. Au total, la productivité *physique* du travail à l'échelle du secteur pourrait donc être amputée de 30 à 50 %. Toutes choses égales par ailleurs, cette baisse de la productivité physique se traduirait par une baisse de productivité économique, et par suite du revenu. Or l'écart de revenu entre le secteur agricole et les autres secteurs n'est pas complètement comblé ; si la productivité du travail continuait d'augmenter, même faiblement, dans les autres secteurs, il faudrait alors s'attendre à ce que l'écart de revenu réaugmente. Une situation impensable socialement et politiquement. Comment éviter un tel scénario ? Pour nombre de défenseurs de l'agroécologie, celle-ci dispose d'au moins deux atouts.

Encadré 5. Agroécologie, innovation et rendements

Nous avons vu dans l'encadré 1 que les rendements dépendaient de trois types de facteurs : 1) ceux qui *déterminent* le rendement potentiel : la génétique et le contexte pédoclimatique ; 2) ceux qui peuvent le limiter : la disponibilité en eau et en nutriments, dont l'azote au premier chef ; 3) ceux qui peuvent le réduire : les pathogènes et autres parasites.

7. Midler, E., *et al.* (2019), « Performance environnementale des exploitations agricoles et emploi », *Document de travail du CEP*, 14, 35.

Dans une logique agroécologique, qui met la reconquête de la biodiversité au cœur des pratiques agricoles, les apports d'engrais et de pesticides sont réduits autant que possible : les rendements espérés sont donc à la fois *limités* par la faible disponibilité en azote et potentiellement *réduits* par la présence de pathogènes contre lesquels il est difficile de lutter en l'absence de solutions chimiques. Dans le scénario TYFA, présenté plus haut, les rendements de l'agriculture biologique, obtenus avec zéro apport d'engrais et de pesticide chimiques, sont pris comme référence. Il en résulte une baisse importante de rendement par rapport à la situation actuelle : cette baisse est de 30 % en moyenne, et va de 15 % pour les cultures fourragères jusqu'à 45 % pour le colza, en passant par 25 % pour les céréales[8].

Cependant, il y a au moins deux facteurs qui permettent de faire l'hypothèse qu'une agroécologie ambitieuse pourrait conduire à des pertes de rendements bien moindres, voire proches de zéro. Premièrement, les rendements présentés ci-dessus sont ceux aujourd'hui constatés en agriculture biologique, dans un contexte où la recherche au sens large (génétique, agronomie) s'intéresse finalement assez peu aux systèmes dits « à bas niveau d'intrants ». Les efforts de sélection génétique restent en particulier concentrés sur les espèces principales là où l'agroécologie a besoin de rotations culturales diversifiées. Et les références techniques développées par les agronomes sont en large majorité focalisées sur les systèmes conventionnels, là où des itinéraires techniques alternatifs pourraient certainement permettre d'aller chercher quelques points de rendement supplémentaire. Le cas de l'agriculture dite « de conservation des sols » est à cet égard pertinent : il montre comment combiner santé des sols et pertes de rendement minimales à travers l'adoption de techniques culturales dites « simplifiées ». Celles-ci, basées sur l'abandon du labour et le semis direct

8. Les données sont issues de Ponisio, L.C., *et al.* (2015), « Diversification practices reduce organic to conventional yield gap », *Proc. R. Soc. B*, 282 (1799), 20141396.

dit « sous couvert » (car on sème dans un couvert végétal au lieu de labourer), permettent de protéger les sols et leur macrofaune, d'accroître le retour de matière organique et - selon les apports d'engrais - de maintenir les rendements.

Deuxièmement, l'hypothèse d'un apport nul en azote est pour le moins radical, et c'est la contrainte principale. Or, depuis plusieurs années, les recherches s'orientent dans deux directions qui pourraient permettre de desserrer au moins partiellement cette contrainte azote. Il s'agit d'abord des travaux qui s'intéressent à ce que l'on appelle des « inhibiteurs de nitrification biologique ». À travers la sélection variétale, l'idée est de faire acquérir aux espèces cultivées de nouvelles propriétés en matière d'inhibition de nitrification, qui permettent de réduire fortement les pertes d'azote dans l'environnement une fois celui-ci appliqué. Il s'agit ensuite des travaux s'intéressant au développement de la fixation symbiotique de l'azote chez les céréales. En effet, nous avons vu au chapitre 2 que, naturellement, seules les plantes de la famille des légumineuses parviennent à entrer en symbiose avec les bactéries de la famille des rhizobiums, capable de fixer l'azote atmosphérique. À date, plusieurs entreprises ont réussi expérimentalement à associer une de ces bactéries avec plusieurs espèces non légumineuses : le blé, l'orge, l'avoine, mais aussi les tomates ; et à obtenir des rendements proches des rendements conventionnels avec moitié moins d'engrais, preuve que la plante a pu aller chercher par elle-même l'azote dont elle avait besoin.

Premièrement, l'agréocologie permet dans bien des cas de baisser les charges de production. En misant sur les processus écologiques pour remplacer ou réduire leurs besoins en engrais et en pesticides, ou en autoproduisant l'aliment pour bétail plutôt que de l'importer des Amériques, les agriculteurs agroécologistes peuvent réduire leurs dépenses de 10 à 20 %

selon les secteurs. Et en s'appuyant sur une agriculture plus intensive en connaissances et en compétences qu'en machines, ils réduisent aussi leurs besoins en investissement, dont le remboursement représente aujourd'hui 10 à 15 % des dépenses.

Deuxièmement, l'agroécologie mise aussi sur une meilleure valorisation des productions agricoles, qui permet d'envisager une augmentation du niveau des prix *p* (voir encadré 6). D'une part, la production agroécologique change de composition : on produit plus de fruits et de légumes à haute valeur ajoutée que de céréales aujourd'hui. D'autre part, une part de la production peut être transformée à la ferme, ou non loin de la ferme, et permettre de créer plus de valeur ajoutée. C'est le cas par exemple de la transformation fromagère à la ferme, du développement des paysans-boulangers ou des microbrasseries. De telles stratégies pourraient cependant difficilement se massifier sans changements structurels dans l'organisation du système alimentaire. Ainsi, dans nos travaux sur le secteur laitier, nous avions montré que pour compenser totalement la baisse de productivité liée aux hypothèses agronomiques, il faudrait envisager que 24 % du lait soit transformé à la ferme, contre moins de 2 % aujourd'hui[9]. Si cela permettrait de conserver la totalité de l'emploi dans les fermes, l'organisation des fermes et les pratiques de consommation s'en trouveraient chamboulées – ce qui à court terme paraît difficile à envisager.

Face à ces limites, un tout autre modèle de transition agroécologique, basé sur la robotisation et l'automatisation, est mis en avant par le gouvernement, comme l'indiquait ici Marc Fesneau, alors ministre de l'Agriculture :

9. Voir p. 59 dans Aubert, P.-M., *et al.* (2021), *Vers une transition juste des systèmes alimentaires. Enjeux et leviers politiques pour la France*, Iddri-BASIC.

> La robotique agricole est un levier de la transition agroécologique. Le grand défi « Robotique agricole » [financé à hauteur de 21 millions d'euros par l'État] va permettre [...] de déployer ces innovations dans le monde agricole : en travaillant à l'adaptation de ces outils à leur environnement, à leur sécurité et facilité d'utilisation pour les agriculteurs. Ces innovations n'ont pas vocation à remplacer les femmes et les hommes qui ont choisi l'agriculture, mais à les épauler dans leur travail au quotidien [et] à réduire la pénibilité des tâches, dans l'élevage comme les cultures végétales. Elle permet de renforcer la compétitivité des exploitations. Ce qui est en jeu, c'est la souveraineté alimentaire[10].

L'idée est simple : la robotisation doit permettre de réduire les besoins en main-d'œuvre par hectare, et donc de maintenir un même niveau de productivité physique du travail (voir encadré 6). Son déploiement à grande échelle pose cependant plusieurs questions. D'abord, les technologies ne sont aujourd'hui pas matures en dehors du secteur laitier ; d'importants progrès demandent à être faits pour qu'on puisse les utiliser en maraîchage ou en grandes cultures. Ce qui pose une seconde question : la plupart des robots sont faits pour effectuer des tâches *simples* dans un environnement *standardisé*, quand l'agroécologie cherche au contraire à tirer profit de la variabilité des situations en prêtant attention à leurs spécificités – d'où d'ailleurs sa forte intensité en emploi aujourd'hui. Il y a donc là des tensions que la recherche devra dénouer[11].

---

10. Gouvernement français (2023), « Communiqué de presse. Accélérer la transition agroécologique grâce aux agroéquipements de demain : lancement du grand défi "robotique agricole" et 1re pierre de l'agrotechnopole », ANR, INRAe, RobAgr.
11. Sparrow, R., Howard, M. (2021), « Robots in agriculture : Prospects, impacts, ethics, and policy », *Precision Agriculture*, 22 (3), p. 818-833.

Une dernière question renvoie aux coûts d'acquisition des robots : ceux-ci sont très élevés aujourd'hui, ce qui explique en partie leur faible développement. Leur adoption à grande échelle supposera donc que leurs coûts diminuent ; ou bien que les prix agricoles augmentent ; ou bien une combinaison des deux. Étant entendu que l'automatisation se conjugue avec une baisse marquée de l'emploi ; toujours dans le cadre de nos travaux sur le secteur laitier, nous avions montré qu'une stratégie de transition basée sur l'automatisation conduirait à une perte d'emploi de plus de 60 % au maillon agricole.

Encadré 6. Productivité économique du travail et transition agroécologique

Nous avons vu aux chapitres 3 et 4 que la productivité du travail $\frac{Y_€}{L}$ pouvait se comprendre comme le produit d'un rendement à l'hectare $\frac{Y_\varphi}{A}$, de la surface exploitée par actif $\frac{A}{L}$, et d'un niveau des prix p, comme dans l'équation suivante :

$$\frac{Y_€}{L} = \frac{Y_\varphi}{A} \times \frac{A}{L} \times p.$$

Nous avons également vu que, mathématiquement, on pouvait caractériser la variation de la productivité au cours du temps comme la somme de la variation des autres paramètres, soit :

$$y€ = y\varphi + a + \dot{p},$$

avec : $y€$, taux de variation de la productivité du travail ; $y\varphi$, taux de variation des rendements ; a, taux de variation de la surface exploitée / travailleur ; et $\dot{p}$, taux de variation des prix.

Dans la transition agroécologique, on sait que les rendements baissent ou au mieux restent stables et que la surface exploitée par travailleur baisse ou reste au mieux stable, soit :

$$\begin{matrix} -0{,}3 \leq y\varphi \leq 0 \\ -0{,}5 \leq a \leq 0 \end{matrix} \Rightarrow -0{,}8 \leq y\varphi + a \leq 0 \qquad (1)$$

Or, pour que la variation de la productivité du travail soit supérieure à 0, soit $y€ > 0$, il faut que :

$$y\varphi + a + \dot{p} > 0 \Rightarrow \dot{p} > -(y\varphi + a) \qquad (2).$$

On déduit des équations (1) et (2) que la variation de prix ($\dot{p}$) doit être comprise entre 0 et + 80 % pour compenser l'éventuelle baisse de productivité *physique* du travail sans affecter la productivité *économique* du travail. À rendements égaux, déterminés par la génétique et l'apport d'azote, c'est donc *a* qui déterminera l'évolution des prix. D'où la présentation des deux trajectoires dans cette section :

- valoriser, qui repose sur une hausse du prix et une baisse de la surface par agriculteur ;
- robotiser, qui repose sur un maintien de la surface par agriculteur *via* l'automatisation pour éviter une hausse des prix.

L'existence de ces deux options très différentes – baisse des charges et valorisation *vs* robotisation/automatisation – pose évidemment la question de leurs complémentarités/coexistences dans les territoires. La dualisation en cours de l'agriculture française, évoquée au chapitre 3, pourrait-elle offrir un cadre pour cela ? Au risque là encore d'être trop schématique, pourrait-on envisager que les fermes restées familiales investissent dans des stratégies de valorisation de la production sans hausse du capital, tandis que les agroholdings en cours de consolidation déploient des stratégies basées sur l'automatisation et la poursuite de la croissance en taille ? Difficile de savoir si ces deux modèles pourraient *de facto* coexister, compte tenu de la concurrence pour l'accès aux terres agricoles, qui conduit aujourd'hui les structures familiales à la disparition progressive. Par ailleurs, du point de vue des emplois, plus la place des systèmes automatisés sera importante, et plus la baisse d'emplois sera conséquente – et *vice versa*.

Que retenir des enjeux économiques de la transition au niveau des fermes ? Sans surprise, minimiser la baisse des rendements en réorientant la recherche et l'innovation vers les systèmes à bas niveau d'intrants est un enjeu majeur pour réduire l'impact de la transition sur la productivité du travail agricole (voir encadré 5). Quelle que soit la logique envisagée – valorisation ou robotisation –, une hausse des prix agricoles est ensuite le scénario le plus probable, même si elle est difficile à chiffrer précisément. Enfin, si la logique de robotisation favoriserait le maintien de la productivité du travail, les conditions de son déploiement ne sont aujourd'hui pas vraiment réunies ; sans compter qu'elle va à l'encontre de visions portées par la majorité de la société civile, qui parle plutôt d'installer un million de paysans sous dix ans que de remplacer la main-d'œuvre par des robots. Dans tous les cas, la logique de rediversification, au cœur de l'agroécologie, entraînerait des changements importants dès le maillon des fermes. Quelles en sont les implications pour l'aval ?

Une industrie à rediversifier

Pour les industries agroalimentaires, l'objectif de diversification vient directement heurter le schéma hérité de la modernisation agricole. Celui-ci repose, on s'en souvient, sur une logique de décomposition-recomposition : les matières premières agricoles pondéreuses, hétérogènes et périssables sont dans un premier temps transformées en produits stables et homogènes par des industries de première transformation. Ces produits servent ensuite d'ingrédients à une industrie de deuxième, voire de troisième transformation. Pour assurer sa rentabilité, l'industrie a progressivement réduit le nombre de matières premières agricoles utilisées, exigé la standardisation de ces produits autour de quelques critères – taux protéique du blé, taux butyrique du lait, conformation des carcasses de vaches, etc. –, et finalement encouragé la spécialisation et la concentration des bassins d'approvisionnement pour réduire les coûts de transport. On comprend bien que l'industrie agroalimentaire d'un système agroécologique doit être organisée très différemment. Trois aspects apparaissent clés.

Premièrement, c'est la toute la logistique qui doit être transformée, de la collecte au stockage des matières premières. Prenons le cas du transport dans les productions animales. Qu'il s'agisse d'animaux vivants à amener aux abattoirs, de lait cru à apporter à la laiterie, ou d'œufs à une usine, le poids comme les précautions à prendre posent des défis très importants. Au cours des dernières décennies, c'est en réduisant au maximum les distances de transport que les industriels ont traité ce problème. Conséquence : une forte concentration des animaux sur des territoires les plus petits possibles : c'est la Bretagne en France, les Pays-Bas et le Danemark en Europe du Nord ou encore la Catalogne en Espagne. En France, le Grand Ouest – regroupant la Bretagne, le Pays de la Loire et la Normandie – concentre par exemple 35 % du cheptel bovin, mais surtout 70 % du cheptel porcin et 60 % de la volaille, alors qu'il ne représente que 16 % du territoire métropolitain ! Or, dans une perspective agroécologique, les animaux sont distribués de manière beaucoup plus équilibrée dans le territoire, afin de valoriser les prairies et les légumineuses. Cette dédensification de l'élevage oblige à imaginer une reconfiguration importante de l'organisation industrielle : son maillage territorial, la taille des installations… Côté production végétale, c'est la question de la collecte et du stockage qui pose question : plus de diversité dans les champs, c'est plus de diversité à collecter et à stocker ; donc plus de « cellules » de stockage dans les silos, de tailles inférieures, et des camions qui transportent plus de productions différentes.

Deuxièmement, au-delà de la logistique, ce sont les outils de production eux-mêmes qui changent avec l'agroécologie. En effet, diversifier la production, cela signifie concrètement faire *plus* de certaines productions aujourd'hui mineures : les légumineuses à graines et fourragères, les céréales secondaires, et bien évidemment les fruits et légumes. C'est donc réciproquement faire *moins* d'autres productions aujourd'hui centrales, et en particulier les céréales dites « primaires » (le blé, l'orge, le maïs), mais aussi les productions animales… Pour ces productions dont les volumes *en France* diminuent, cela signifie gérer une situation temporaire de surcapacité, pour passer à une autre où les outils ont été restructurés pour s'adapter aux nouveaux besoins. Dans ces secteurs, la transition agroécologique conduira à un certain nombre d'*actifs échoués* qu'il faudra prendre en charge. En miroir, dans les secteurs amenés à croître – fruits et légumes, légumineuses, céréales secondaires –, de nouveaux investissements sont à planifier pour structurer les filières. Dans les fruits et légumes, toute une logistique doit être (re)mise en place pour accroître la part des fruits et légumes frais qui arrivent en bon état aux consommateurs ; et pour développer les capacités de transformation dans les légumeries industrielles, dont – bonne nouvelle – la valeur ajoutée et l'intensité en emploi sont élevées. De même, pour les légumineuses ou les céréales secondaires, il faut investir dans de nouvelles capacités de transformation, inventer de nouveaux produits et créer les marchés qui vont avec, en mobilisant l'innovation produit comme le marketing.

Troisièmement, ces changements dans la logistique et les outils de transformation ont des implications économiques évidentes. De manière générale, les *coûts de production* industriels dans un système agroécologique augmentent, alors que la productivité physique du travail tend à y diminuer. En effet, les structures de production y sont de plus petites tailles et de ce fait moins aptes à investir dans des systèmes automatisés, clé de voûte des stratégies actuelles de réduction de coûts. Cette augmentation des coûts au maillon industriel vient ainsi s'additionner à celle déjà envisagée au maillon des fermes.

En matière d'*emplois*, le bilan global serait une baisse marginale, mais résultant de dynamiques contrastées entre secteurs. Dans le secteur laitier par exemple, la baisse des volumes peut être compensée par une meilleure valorisation des productions. Concrètement : faire moins de poudre de lait et de « cracking du lait » (un procédé qui consiste à extraire des protéines de lait pour les utiliser comme ingrédients dans d'autres productions), pour faire plus de fromage de qualité. Dans nos travaux sur la transition juste du secteur laitier, nous montrions ainsi qu'une baisse des volumes de 10 % peut être plus que compensée par ces stratégies de valorisation, et s'accompagner d'une hausse des emplois et de la valeur ajoutée de 14 %[12]. De même, la hausse des volumes de fruits et légumes et la nécessité d'en transformer une partie dans les conserveries industrielles, des industries très intensives en emploi, pourraient générer un gain d'emploi de 5 à 7 % par rapport à aujourd'hui. Inversement, dans l'industrie de la viande, qui représente aujourd'hui près du quart des emplois agro-industriels, la baisse des volumes peut difficilement être compensée par une meilleure valorisation : l'animal qui entre dans un abattoir doit y être abattu et découpé ; que

12. Voir Aubert, P.-M., *et al.* (2021), *Vers une transition juste des systèmes alimentaires. Enjeux et leviers politiques pour la France*, Iddri? BASIC, p. 53.

cet animal ait été élevé dans des systèmes très intensifs ou dans des systèmes agroécologiques ne fait à cet égard aucune différence. Au total, nous avons estimé que la baisse des volumes de viande associée à une trajectoire agroécologique pourrait se traduire par une perte d'emplois de 15 à 25 % dans le secteur de l'abattage-découpe, selon les hypothèses[13], soit 3 à 4 % des emplois agro-industriels actuels. Ce sont cependant des emplois difficiles, aujourd'hui majoritairement pourvus par de la main-d'œuvre étrangère, et qui tendent déjà à être remplacés par l'automatisation des chaînes d'abattage.

Enfin, ces transformations de l'industrie reposent sur de nouveaux investissements pour les productions de diversification (céréales secondaires, légumineuses, fruits et légumes) autant qu'elles génèrent des actifs échoués, dont la gestion sera un vrai enjeu.

Restent alors les consommateurs : comment peuvent-ils composer avec ces deux changements importants que sont la hausse des prix et la diversification ?

Changer les pratiques alimentaires sans alourdir le budget ?

Hausse des prix, diversification… en langage consommateur, cela peut se traduire par deux questions imbriquées : celle des dépenses alimentaires d'une part, celle de la composition du panier de l'autre. Ces questions sont souvent abordées en mobilisant la notion d'« élasticité-prix » des consommateurs. De quoi s'agit-il ? L'élasticité-prix mesure la propension des

13. Schiavo, M., *et al.* (2025), « The impact of agroecological transition on the meat industry : An agent-based modelling approach applied to the French livestock sector » *Journal of Agricultural Economics.*

consommateurs à modifier leurs pratiques à la suite d'un changement des prix, avec deux types de questions : si le prix augmente ou diminue de 1 %, de combien de points de pourcentage évolue la consommation ? Comment ce changement (hausse ou baisse) de consommation se répercute-t-il sur la consommation d'autres produits – alimentaires ou non alimentaires ?

Avec une telle approche, on considère implicitement que le prix est le principal déterminant de nos pratiques alimentaires ; on peut alors résoudre du même coup la question des dépenses alimentaires et de la composition du panier. Si une telle hypothèse simplificatrice est nécessaire aux économistes pour modéliser les pratiques de consommation, on en connaît aussi les limites. Dans ce qui suit, nous proposons donc de ne nous appuyer que marginalement sur cette notion d'élasticité pour aborder le problème de manière plus ouverte.

Commençons par le problème des prix, en faisant pour le moment l'hypothèse que les préférences des consommateurs sont malléables. La question que l'on veut résoudre est simple : un panier « agroécologique » coûte-t-il plus cher ? Si oui, de combien ? Précisons d'abord ce qu'est un panier « agroécologique » : c'est un panier qui comprend plus de fruits et légumes et de légumineuses qu'aujourd'hui, et significativement moins de produits animaux ; c'est aussi un panier dans lequel la majorité des produits (si ce n'est la totalité) sont issus de modes de production agroécologique, avec les hausses de prix que l'on a identifiées plus haut ; c'est enfin un panier associé à un moindre gaspillage alimentaire à la maison.

Pour savoir si un tel panier coûterait plus ou moins cher qu'aujourd'hui, il faut ensuite saisir les déterminants du prix du panier alimentaire. On peut en identifier quatre : 1) la composition du panier, exprimée en quantité de pain, de pâtes, de riz, de légumes, de chocolat, de fromage, de viande, etc. ; 2) la part des produits agroécologiques dans le panier, dont le prix est plus élevés qu'un produit conventionnel : on parlera de « premium » pour désigner la différence de prix entre un produit agroécologique et un produit conventionnel ; 3) l'importance de ce « premium », qui provient de coûts de production plus élevés (*cf.* ci-dessus), mais aussi du fait que, bien souvent, la grande distribution fait une marge plus importante sur les produits durables que conventionnels[14] ; et enfin 4) la quantité de gaspillage alimentaire du côté des ménages.

En 2020, les dépenses alimentaires des Français comprennent notamment 40 % de produits animaux contre 17 % de fruits et légumes (voir figure 11).

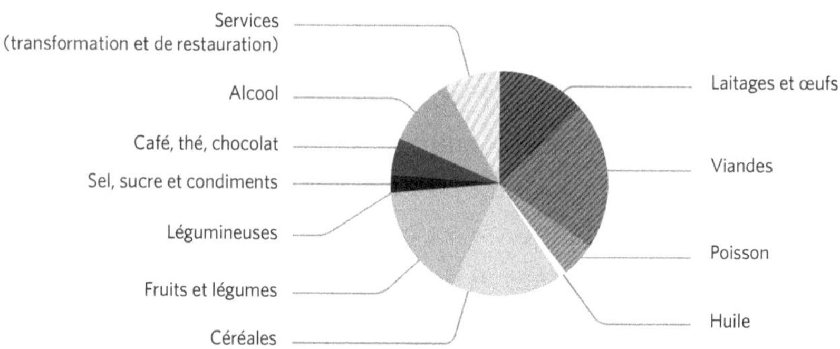

Figure 11. Dépenses alimentaires moyennes des Français en 2019
Source : auteur, d'après Rogissard et al.*, 2021*[15].

14. Aujourd'hui, ce premium est de l'ordre de 65 %. Il est composé pour une part importante d'une surmarge de la distribution, pour qui le bio représente un relais de croissance.
15. Rogissard, L., *et al.* (2021), *Une alimentation plus durable augmente-t-elle le budget des consommateurs ?*, I4CE.

Les travaux de Lucile Rogissard nous montrent que, dans un panier agroécologique, la hausse de consommation des fruits et légumes (+ 20 %) et la hausse de consommation de produits agroécologiques, deux paramètres qui tirent le prix du panier vers le haut, peuvent être fortement compensées par une baisse de 20 % de la consommation de viande et une division par deux du gaspillage alimentaire. Ainsi, si le premium associé aux produits agroécologiques passait de 65 % (son niveau actuel) à 50 %, les ménages pourraient consommer 50 % de produits agroécologiques *sans augmentation de leur budget alimentaire*. Ce résultat montre à lui seul que des marges de manœuvre existent. En effet, la part de produits agroécologiques dans le panier des ménages français est actuellement de 3 % : on pourrait donc multiplier par 15 la consommation de produits agroécologiques sans impact sur le budget moyen des consommateurs ! Évidemment, si l'on veut passer à 100 % de produits agroécologiques (donc multiplier par plus de 33 le niveau actuel de consommation), l'histoire est différente : cela supposerait une hausse du coût moyen du panier alimentaire de l'ordre de 30 % – une hausse impossible à absorber pour la quasi-totalité des ménages. Mais on aurait tort de se focaliser sur ce chiffre pour penser la transition, qui doit bien commencer par quelque part. Si on parvenait déjà à multiplier par 3 ou 4 le niveau de consommation de produits agroécologiques, cela serait un très bon départ. Et pour que cela n'affecte pas le budget des consommateurs, il faut que la composition du panier change. C'est donc vers cette question qu'il faut à présent se tourner.

Formulée de manière abrupte, la question des préférences alimentaires pourrait ressembler à cela : qu'est-ce qui pourrait bien faire que les Français se mettent à manger deux fois plus de fruits et légumes et quatre fois plus de légumineuses qu'aujourd'hui, et 20 à 50 % moins de produits laitiers et de viande ? Faut-il en passer, comme un député nous en faisait la critique, par des tickets de rationnement et une logique autoritaire – ce qui semblera, avec raison, inacceptable à beaucoup ? Ou bien une hausse massive des prix des produits animaux, et une baisse de celui des fruits et légumes, pourrait-elle avoir les effets escomptés ? S'agit-il sinon d'un problème de « prise de conscience » ou d'éducation des consommateurs, qui ne veulent décidément pas faire les efforts attendus d'eux ?

Pour appréhender cette question, il faut se départir d'une approche simpliste et tenir compte de la diversité des pratiques sociales. La notion d'« environnement alimentaire » offre pour cela un cadre fertile lorsqu'on la couple avec la théorie des pratiques. L'idée est de considérer qu'au-delà de nos dispositions individuelles, les pratiques alimentaires sont fortement cadrées par notre « environnement » ; et que celui-ci possède quatre dimensions : une dimension physique (ce qui est disponible là où je fais mes courses) ; une dimension économique (ce que je peux/veux payer en fonction du prix des produits) ; une dimension cognitive (les informations dont je dispose à propos de ce que je mange) ; et enfin une dimension socioculturelle (la place de l'alimentation dans mon groupe affinitaire et dans les représentations collectives). Pour le dire simplement, la notion d'environnement alimentaire nous invite à réfléchir à une question simple : comment rendre le choix le plus sain et le plus durable le plus évident pour tous les consommateurs ?

Nous avons tenté d'y répondre dans le cas de la France, où douze groupes sociaux ont pu être distingués en fonction de leurs caractéristiques sociodémographiques et de leur rapport à l'alimentation. En jouant sur des variables simples – des changements dans la présentation de l'offre en supermarché, un encadrement des pratiques publicitaires sur les produits animaux, le développement de chèques alimentaires, le développement de l'offre flexitarienne en restauration collective –, nous montrons qu'une baisse *moyenne* de 15 % de la consommation de produits carnés est possible à moyen terme, étant entendu que certains ménages vont avancer vite et fort et que d'autres ne vont rien faire. C'est certes insuffisant pour permettre la massification des produits durables dans le panier ; mais c'est le début d'un chemin que d'aucuns ont tendance à juger infaisable, voire impensable, aujourd'hui[16].

Trois questions économiques pour la transition agroécologique

Ce passage en revue permet d'identifier (au moins !) trois questions que soulève un projet de transition agroécologique dans le régime économique qui est le nôtre. Et d'engager une réflexion sur la manière de les traiter.

La première, la plus évidente, concerne l'impact de la hausse des prix alimentaires sur le reste de l'économie. Difficile à chiffrer, cette hausse fera partie d'une transition agroécologique de manière quasi certaine. Si des changements de pratiques alimentaires permettront d'absorber une partie de la hausse de prix, l'hypothèse la plus probable est que la transition agroécologique conduira à une augmentation des dépenses alimentaires pour la majorité des ménages. On peut, pour donner

16. Saujot, M., *et al.* (2025), *TRAMe 2035. Transition des régimes alimentaires des ménages en France*, Iddri-I4CE.

un ordre de grandeur, considérer une hausse de 10 % comme très plausible (voir les travaux de Rogissard).

Or la demande alimentaire est très « rigide » : les ménages ont peu de marges de manœuvre face à une hausse des prix. Ils peuvent arbitrer « à l'intérieur » de leur panier alimentaire en consentant à sacrifier les produits les plus onéreux et jugés moins importants (dans le trio de tête selon les pays : les boissons, la viande, et les fruits et légumes[17]). Très souvent cependant, ils n'ont pas d'autre choix que de réduire d'autres postes de dépense, ceux jugés « non indispensables » : le secteur de la récréation et des loisirs, mais aussi celui de la santé (qu'on a du mal à considérer comme non indispensable !) sont les plus durement touchés. Les rares chiffres disponibles en la matière indiquent que, dans les pays occidentaux, une hausse de 1 % du coût du panier alimentaire entraîne une baisse de 0,15 à 0,20 % de la consommation dans les secteurs non alimentaires[18]. En d'autres termes, une hausse moyenne de 10 % du coût du panier se traduirait par une baisse de la demande de 1 à 2 % pour le reste des secteurs économiques.

L'évaluation des effets macroéconomiques de ces changements sort évidemment du cadre de ce livre ; on peut cependant difficilement tenir pour négligeable une éventuelle baisse de la demande en biens non alimentaires. Au-delà des effets macroéconomiques, c'est aussi le caractère potentiellement inégalitaire de ces impacts qui doit être pris très au sérieux.

17. Andreyeva, T., *et al.* (2010), « The impact of food prices on consumption : A Systematic review of research on the price elasticity of demand for food », *American Journal of Public Health*, 100 (2), p. 216-222.
18. Regmi, A., Seale, J. L. (2010), *Cross-Price Elasticities of Demand Across 114 Countries*, Washington, USDA-ERS Technical Bulletin.

En effet, les changements alimentaires en jeu font intervenir deux aspects liés : la sobriété et la hausse de prix. Or l'un comme l'autre vient remettre en cause l'un des piliers de notre contrat social : ce que Mathieu Saujot et ses collègues nomment le « pacte de consommation », c'est-à-dire la promesse d'une élévation du niveau de vie par la consommation en échange d'une acceptation d'un « impératif » de consommer[19]. Là encore, ce point dépasse largement le cadre de cet ouvrage ; il fait cependant partie des aspects à prendre en compte si l'on souhaite dénouer les tensions entre transition agroécologique et organisation économique.

La deuxième question découle directement de la première. En effet, si la transition agroécologique s'accompagne d'une hausse des prix, c'est parce qu'elle est plus exigeante en travail alors que, paradoxalement, elle conduit à ne pas produire plus – voire moins pour certains secteurs. Ainsi, la productivité *physique* du travail tend à diminuer ; et c'est pour maintenir sa productivité *économique* – sans même parler de l'augmenter – que les prix doivent augmenter. Le côté positif de cela, c'est que l'emploi agricole et agroalimentaire dans la transition agroécologique pourrait bien ne baisser qu'à la marge : les fermes agroécologiques demandent plus de main-d'œuvre par hectare pour tirer parti de la diversité et de la complexité des processus écologiques ; et les industries agroalimentaires reposent sur une logistique d'approvisionnement plus complexe, tandis qu'elles doivent gérer des matières premières plus diverses et plus hétérogènes. Cette stagnation de la productivité économique du travail n'est cependant pas que le fait de la

19. Saujot, M., *et al.* (2024), *Vers un contrat social pour le* XXI*e siècle. Comment en sommes-nous arrivés là ? Une brève histoire des contrats sociaux des* XIX*e et* XX*e siècles en France et au Royaume-Uni*, Paris/London, Iddri/Hot or Cool.

transition agroécologique : elle est déjà en cours depuis les vingt dernières années. Elle demande néanmoins à être prise en charge : ce point est abordé dans la dernière section de ce chapitre.

Le dernier « problème » que soulève la transition agroécologique est que, à la différence de l'intensification durable, elle ne requiert pas nécessairement beaucoup de capital. Au contraire, pour beaucoup de tenants de l'agroécologie, la réduction de l'intensité capitalistique des fermes est un gage de résilience, d'autonomie et d'adaptabilité[20]. Il n'en va pas différemment au maillon agro-industriel, où la diversification des systèmes, de la parcelle au paysage, plaide pour des unités de transformation de plus petite taille, dans lesquelles les économies d'échelle nécessaires à des investissements productifs importants sont difficiles – si ce n'est impossible – à réaliser. Cette faible intensité en capital est bien entendu la contrepartie de la forte intensité en emploi de la transition agroécologique : celle-ci propose en effet de ralentir, si ce n'est de mettre en pause, la logique de substitution capital-travail amorcée à l'après-Seconde Guerre mondiale.

Si les bonnes raisons de s'engager dans de tels changements ne manquent pas – on les a exposées dans la première partie de ce chapitre – les défis économiques ne sauraient être sous-estimés. Ils supposent, pour être relevés, des transformations significatives dans notre organisation économique, qui n'arriveront pas du jour au lendemain. Pour amorcer les changements nécessaires plusieurs mesures politiques faisables à court terme seront déterminantes. Côté production, le développement de

20. Je renvoie à van der Ploeg, J. D., *et al.* (2019), « The economic potential of agroecology : Empirical evidence from Europe », *Journal of Rural Studies*, 71, p. 46-61, notamment p. 4.

véritables paiements pour services écosystémiques – que la précédente réforme de la PAC avait laissé espérer – en rémunérant le maintien des pollinisateurs, la protection des sols, le stockage de carbone ou la réduction des émissions de gaz à effet de serre, pourrait permettre d'atteindre de nouveaux équilibres économiques plus vertueux, outre le besoin de régulation évoqué au chapitre précédent. À l'autre bout des filières, des politiques de soutien aux consommateurs modestes sous forme de chèques alimentaires, comme aux États-Unis, pourraient atténuer les effets de la hausse des prix anticipée – avant d'aller, pourquoi pas, vers une sécurité sociale de l'alimentation que certains appellent de leurs vœux. Mais les défis politiques qu'il faut affronter pour que de telles mesures voient le jour. Car l'adversité politique est grande, tant en Europe qu'au niveau international ; et la compétition économique qui bat son plein au niveau international joue aujourd'hui *contre* la transition agroécologique.

Des tensions économiques aux tensions politiques

Des perdants trop puissants ?

Outre les défis économiques, la transition agroécologique doit affronter des vents politiques largement contraires, venus des acteurs aujourd'hui dominants du système alimentaire, comme on l'a vu au chapitre 1. Et il faut dire qu'une transition agroécologique d'ampleur aurait à court terme des impacts majeurs sur la profitabilité de nombreuses entreprises et d'un grand nombre d'agriculteurs. Bien organisés, bien représentés politiquement, ces acteurs pèsent ainsi de tout leur poids pour contrer tout projet de réforme qui irait contre leurs intérêts.

Ils bénéficient premièrement pour cela d'une configuration institutionnelle favorable. En effet, les politiques agricoles sont « cogérées » entre la puissance publique et les syndicats agricoles. C'est le cas en France comme dans la majorité des pays occidentaux, et cela porte un nom : l'exceptionnalisme agricole[21] ; le terme désigne le fait que la négociation des politiques agricoles implique essentiellement (voire, parfois, exclusivement) des acteurs agricoles ou agroalimentaires. Cet exceptionnalisme est par exemple très visible dans les institutions européennes. Tandis que les textes concernant *toutes* les politiques sectorielles non agricoles sont discutés et préparés par les fonctionnaires au sein d'une même instance, le Coreper, ceux concernant l'agriculture le sont au sein du « Conseil spécial pour l'agriculture » (ça ne s'invente pas...). Et lorsque les ministres de l'Agriculture des 27 se retrouvent pour négocier ces textes, ils invitent à siéger avec eux sans droit de vote le président ou la présidente du Comité des organisations professionnelles agricoles européens, le COPA, à l'exclusion de tout autres parties prenantes. En France également, la cogestion est une réalité. Elle se matérialise par l'existence de nombreuses passerelles entre la haute administration, voire la fonction ministérielle, et les postes de direction ou de présidence du syndicat majoritaire[22]. Si elle a été affaiblie par l'émergence du pluralisme syndical et la refonte des politiques

21. Daugbjerg, C., Feindt, P. H. (2017), « Post-exceptionalism in public policy : Transforming food and agricultural policy », *Journal of European Public Policy*, 24 (11), p. 1565-1584.
22. Ansaloni, M., Smith, A. (2022), *L'Expropriation de l'agriculture française*, Éditions du Croquant.

publiques, elle reste, de l'aveu même d'un conseiller agricole au plus haut niveau de l'État, une réalité bien ancrée : « Les assureurs, les grosses coopératives, c'est avec ces acteurs qu'il faut travailler [pour sortir de la crise]. Malheureusement, ça fait huit mois qu'on dit au ministre de l'Agriculture d'aller parler à d'autres gens que la FNSEA, mais il n'en fait rien ! ».

Mais le poids des acteurs agricoles et agroalimentaires dans la négociation des politiques publiques tient aussi à un deuxième aspect : le très fort niveau de concentration économique qui existe dans de nombreux secteurs. En France, c'est par exemple le cas du secteur du lait ou de l'abattage-découpe, où cette concentration s'est accélérée ces dernières années. Dans chacun de ces secteurs, les quatre plus grosses entreprises y réalisent entre 60 à 80 % des parts de marché… quand ce n'est pas la plus grosse qui représente à elle toute seule un tel niveau de concentration ! Dans la volaille ou dans la viande bovine, les groupes LDC et Bigard sont réputés contrôler *via* différentes filiales jusqu'à 60 % du marché sur lequel ils opèrent ! C'est aussi l'agrofourniture (engrais, pesticides, machinisme agricole) qui, à l'échelle globale comme nationale, est organisée dans de tels oligopoles.

De par leur taille, ces entreprises peuvent mobiliser de nombreuses ressources pour contrer ou limiter la portée de décisions politiques qui leur seraient défavorables. Elles sont d'abord structurellement incontournables dans l'organisation du système alimentaire : faire sans elles, ou pire, contre elles, c'est ainsi s'exposer à la menace de pertes d'emplois sur les territoires, un argument fréquemment mobilisé par exemple par les fabricants de produits phytosanitaires… Elles contribuent ensuite à cadrer le débat, organiser la discussion, en mobilisant des relais d'opinion ou en prenant directement la parole quand elles le jugent pertinent, seules ou à l'échelle d'un secteur. Ainsi de la campagne « Tous flexitariens », lancée par l'Association nationale interprofessionnelle du bétail et des viandes. Certes, celle-ci mettait en avant une alimentation diversifiée et une consommation de viande vue comme « vertueuse » parce que issue de systèmes extensifs ; mais elle a surtout permis une capture du terme « flexitarien » par des acteurs qui pèsent par ailleurs de tout leur poids pour empêcher toute politique volontariste de réduction de la consommation ! Enfin, nombre de ces entreprises, comme d'ailleurs les syndicats agricoles plus classiques, sont rodées au lobbying plus classique sous toutes ses formes, et mobilisent pour cela des moyens importants et largement documentés[23].

Cette forte mobilisation des acteurs agricoles et agroalimentaires, dirigée vers les mesures environnementales comme lors des manifestations de l'hiver 2023-2024, traduit cependant un autre aspect : l'absence de perspectives face à ce qui est perçu comme un déclin de l'agriculture française (et dans une moindre mesure européenne) sur la scène internationale.

La dimension internationale

La situation de la « ferme France » à l'international est souvent résumée au fait que, depuis au moins 2010, les exportations baissent, les importations augmentent, et la balance commerciale, auparavant très largement excédentaire, se rapproche dangereusement de zéro. Pour beaucoup, la faute en

23. Voir par exemple, dans le cas des politiques agricoles, et, dans le cas de l'implication des entreprises de l'agroalimentaire dans les politiques de santé, Benamouzig, D., Cortinas Muñoz, J. (2019), « Les stratégies politiques des entreprises en santé publique : le cas de l'agroalimentaire en France », *Revue française des affaires sociales* (3), p. 189-208.

revient à la stratégie de « montée en gamme » basée sur l'écologisation de l'agriculture française qui aurait été poursuivie par les pouvoirs publics[24]. Les mêmes jugent alors impensable d'envisager *plus* d'ambition environnementale : cela ne pourrait qu'aggraver encore la position française sur les marchés.

Pourtant, lesdites contraintes environnementales n'ont eu qu'un effet marginal sur les pratiques agricoles ; un ministre de l'Agriculture n'a-t-il pas affirmé en 2022 que les nouveaux paiements « verts » de la Politique agricole commune seraient accessibles à 80 % des agriculteurs sans aucun changement (en réalité, ils l'ont été pour 90 % des agriculteurs !) ? Pourtant encore, au-delà des « contraintes » environnementales dénoncées, des facteurs ayant peu à voir avec l'environnement contribuent largement à ce décrochage. Les chocs climatiques ont par exemple pesé lourd dans les performances à l'export des filières céréalières, en dégradant la qualité des blés et orges exportés, comme en 2016 ou en 2024 ; *idem* dans le cas des filières viti-vinicoles, très affectées depuis plus de dix ans par les changements climatiques, alors qu'elle constitue le fer de lance des exportations françaises. Dans certaines filières comme la volaille, ce sont les spécificités de la consommation française qui ont longtemps détourné les industriels d'investir dans certains segments de marché (par exemple les poulets dits « lourds » à fort rendement en filet) et les ont conduits aujourd'hui à accuser un déficit de compétitivité important. Dans l'ensemble, le maintien de fermes de taille relativement modeste en comparaison de nos voisins – malgré la dualisation en cours – tend à augmenter les charges ramenées à l'hectare.

24. Duplomb, L., *et al.* (2022), *Rapport d'information sur la compétitivité de la ferme France*, Paris, Commission des affaires économiques, Sénat.

Enfin, beaucoup de pays concurrents ont aussi adopté des stratégies de conquête de marché agressives, à l'image par exemple de l'Allemagne ou de l'Espagne sur les filières porcines, s'affranchissant bien souvent de normes environnementales ou sociales censées s'appliquer à tous les pays de l'Union européenne.

Dans ce contexte, même si l'ambition des politiques environnementales n'est pas la première cause du décrochage actuel, envisager *plus* d'ambitions est effectivement difficile. Car, *de facto*, si un pays, ou un groupe de pays, décide *seul* de relever ses ambitions environnementales, cela ne peut que nuire à son positionnement de marché. De ce point de vue là, la situation actuelle n'est pas très encourageante car l'Europe semble bien seule. Cette dernière parie en effet sur l'écologisation de son système alimentaire pour en assurer la résilience de long terme face aux changements environnementaux ; et elle est prête pour cela à rogner sur ses gains de productivité. Mais tel ne semble pas être le cas de ses principaux concurrents internationaux ! La plupart d'entre eux n'ont pas compris, ou pas accepté, les orientations proposées dans la stratégie « De la ferme à la table » présentée au chapitre 1 ; et tous ont préféré rejoindre la « Coalition pour la croissance durable de la productivité agricole », lancée par les États-Unis en septembre 2021. Rien de surprenant au demeurant : l'idée que la hausse de la productivité économique du travail est bonne en soi est ancrée profondément dans les esprits, les dispositifs de mesure du bien-être et les relations internationales[25]. Et elle est un point de repère essentiel dans la conduite de l'action publique comme dans les échanges entre les nations. En matière agricole au moins, elle conduit cependant

---

25. Voir, à cet égard, Maier, C. S. (1977), « The politics of productivity : Foundations of American international economic policy after World War II », *International Organization*, 31 (4), p. 607-633.

à une situation qui a tout du « dilemme du prisonnier ». Alors que la majorité des grands pays producteurs auraient intérêt à faire évoluer leur agriculture pour faire face aux dérèglements climatiques et à la chute de la biodiversité, aucun n'est réellement prêt à s'y résoudre, trop conscients que les mesures à mettre en œuvre pourraient affecter négativement leur productivité. Et que le premier qui prend de telles mesures s'expose au risque de voir son marché progressivement conquis par des importations…

Si jusqu'à présent, l'Europe a pu combiner une (relative) hausse des ambitions environnementales et un maintien de ses positions internationales, c'est grâce au fait que les produits qu'elle exporte sont reconnus pour leur « unicité » (on parle de compétitivité hors prix, autrement dit de qualité) ; et grâce aux subventions qu'elle octroie encore à ses agriculteurs *via* la PAC, qui compensent le différentiel de compétitivité-prix. Dans un contexte marqué par la baisse du budget agricole européen et la hausse de la productivité de nombreux concurrents, cette situation pourrait bien ne pas durer. Elle serait, dans tous les cas, aggravée par la recherche d'une transition agroécologique. N'y a-t-il alors aucune voie de sortie ?

C'est précisément pour faire face à ce type de problème que des outils de politiques commerciales reposant sur la *réciprocité des normes* ou l'*ajustement carbone aux frontières* ont été pensés. De quoi s'agit-il ? Le principe en est simple : pour éviter qu'un pays qui fait des efforts environnementaux ne soit concurrencé sur son propre marché par des importations ne respectant pas les normes qu'il s'est imposées, il est proposé de réglementer fortement les importations sur son sol en fonction de son niveau d'ambition. Dans le cas de la *réciprocité des normes*, l'idée est de créer ce que l'on appelle des « barrières non tarifaires ». Leur rôle est d'interdire l'entrée sur le territoire de produits agricoles ou alimentaires obtenus sans respecter les normes en vigueur au sein du pays importateur. C'est déjà le cas par exemple des interdictions d'importations, en Europe, de viande de bœufs ou de poulets issus d'animaux engraissés en utilisant des hormones de croissance.

Dans le cas du *mécanisme d'ajustement carbone aux frontières*, l'objectif n'est plus d'interdire les importations, mais de les soumettre à des droits de douane d'autant plus élevés que l'impact climatique des produits est fort. Un tel mécanisme devient en particulier nécessaire quand une taxe carbone est mise en place dans le pays importateur, comme le Danemark le propose par exemple aujourd'hui dans le secteur agricole.

Réciprocité des normes comme ajustement carbone aux frontières doivent permettre deux choses : rétablir une concurrence loyale sur le marché intérieur, évitant ainsi aux industries du pays plus ambitieux de perdre des parts de marché sur leur propre territoire ; mais surtout éviter les phénomènes de « fuites » : c'est-à-dire le fait que la concurrence déloyale conduise à une baisse de la production la plus vertueuse et une hausse des productions les moins vertueuses, annulant les effets de l'ambition fixée nationalement.

En matière agricole, la mise en œuvre d'un tel dispositif doit composer avec deux difficultés, qui ne sont pas insurmontables : une difficulté technique et une difficulté politique. Sur le plan technique, la question des « métriques » – c'est-à-dire des indicateurs à utiliser pour « mesurer » le niveau de durabilité des produits et leur attribuer un tarif douanier ou les exclure du champ des produits importables – est d'une redoutable complexité. L'extrême diversité des modes de production et des enjeux à considérer rend en effet délicate l'élaboration d'un « score » environnemental unique permettant de comparer les différentes productions et extrêmement exigeante en données[26]. Au plan politique, la mise en place de ces mesures suppose par ailleurs que les pays qui échangent se soient eux aussi accordés sur les métriques ou les indicateurs à utiliser. Dans un tel contexte, l'Union européenne devra non seulement trouver un accord entre les 27 États membres sur ces indicateurs, mais également convaincre ses partenaires commerciaux. Un défi de plus, qu'il faudra bien réussir à surmonter.

Conclusion : un besoin de pragmatisme

Au terme de ce dernier chapitre, que retenir du potentiel de l'agroécologie ? Rappelons-en d'abord la définition adoptée ici : l'agroécologie est une *trajectoire d'innovation agronomique* ; en s'appuyant plus fortement sur les processus écologiques, elle vise à améliorer la production et à préserver les agrosystèmes par la réduction des dépendances aux intrants. À partir des travaux menés à l'Iddri et plus récemment par nombre de nos collègues européens, ce chapitre a montré qu'une agroécologie ambitieuse pouvait non seulement nourrir 530 millions d'Européens d'ici à 2050, mais également améliorer notre contribution aux équilibres alimentaires mondiaux. Le tout, en réduisant les émissions de gaz à effet de serre d'origine agricole de 50 % et en restaurant la biodiversité sous toutes ses formes.

26. L'élaboration de l'affichage environnemental en France, qui suppose un tel scoring, est un cas d'école à cet égard. Voir, pour une discussion, Saujot, M., Aubert, P.-M. (2023), *Quels arbitrages politiques pour l'affichage environnemental alimentaire ?*, Iddri.

Cependant, elle doit pour cela surmonter plusieurs défis économiques et politiques. Économiquement, elle suppose des aménagements importants de notre organisation économique du fait de ses effets sur les prix alimentaires, la productivité du travail, ou encore la formation de capital fixe et les investissements. Politiquement, elle doit affronter des vents contraires importants car nombre d'acteurs qui ont à perdre dans la transition sont aujourd'hui en capacité de peser très fort sur les processus politiques, tant du fait des spécificités institutionnelles du secteur agricole que du poids économique de ces acteurs, qu'ils sont capables de convertir en ressources politiques. Enfin, géostratégiquement, l'ambition agroécologique nous place devant une alternative délicate : convaincre les autres puissances agricoles que l'agroécologie est une voie d'avenir, pour concourir avec eux sur les marchés de manière loyale ; ou, en cas d'échec dans cette tentative de persuasion, protéger le marché européen à l'aide de mesures commerciales.

Aucun de ces défis n'est cependant infranchissable : leur identification lucide était un préalable nécessaire pour penser un chemin de transformation. Ce chemin sera, n'en doutons pas, long et tortueux ; mais avoir conscience des obstacles à franchir permet d'identifier les ressources pertinentes pour ce faire, et de ne pas se bercer d'illusion.

CONCLUSION

Dépolariser le débat, ouvrir des horizons

Ce livre montre à nouveau, s'il en était besoin, l'ampleur et la complexité des défis à relever pour aller vers un système agricole et alimentaire plus vertueux. Son originalité tient dans le fait de tenir ensemble ces défis pour penser la transition. Car il faut dire que le « cahier des charges » à cet égard est bien rempli : assurer un revenu décent au monde agricole, fournir des emplois dans des territoires ruraux menacés de déclin, en proposant une alimentation saine et accessible à tous les citoyens et consommateurs français. Sans oublier de contribuer autant que possible aux équilibres alimentaires mondiaux, en donnant les moyens à l'agriculture française de s'adapter aux changements environnementaux en cours… tout en réduisant ses émissions de gaz à effet de serre, et en contribuant à la reconquête de la biodiversité dont elle dépend ! Rien de moins. Au cœur de ce livre, une question en apparence simple : l'augmentation des rendements constitue-t-elle un point de passage obligé pour relever ces défis ? Si oui, à quelles conditions ?

Et avec quelles implications sociales et économiques ? Sinon, comment faire ? S'il n'y a pas de solution « miracle » à ces problématiques enchevêtrées, notre parcours nous aura permis d'identifier quelques pistes pour esquisser un chemin.

Si la question des rendements se pose avec autant d'acuité, c'est d'abord parce que les chapitres 2 et 3 ont montré que leur hausse avait servi de boussole quasi unique pendant toute la modernisation agricole. Agronomiquement, celle-ci a reposé sur l'adoption d'un « paquet technique » issu de la révolution verte : semences améliorées, pesticides et engrais. Elle a permis de considérablement accroître la disponibilité en biomasse, favorisant l'intensification de l'élevage, le développement d'une industrie agroalimentaire puissante, et faisant de la France un agro-exportateur majeur dès le milieu des années 1980. Économiquement, cette hausse des rendements s'est combinée à une augmentation de la surface par agriculteur, *via* la mécanisation, pour permettre un accroissement sans précédent de la productivité économique du travail agricole. Celle-ci a été multipliée par plus de 30 en soixante ans, permettant de diviser l'écart de revenus entre l'agriculture et le reste de l'économie par plus de 10. À telle enseigne qu'aujourd'hui le revenu agricole *moyen* fait quasiment jeu égal avec les autres secteurs de l'économie – même si de grandes inégalités persistent entre filières et entre agriculteurs. De manière logique, le nombre d'agriculteurs comme le nombre de fermes ont connu une chute considérable, pour atteindre au dernier recensement agricole moins de 400 000 exploitations – là où la France en comptait près de 2,5 millions en 1950.

Mais ce n'est pas tout : gains de rendement et gains de productivité ont permis une baisse du prix réel des produits agricoles et, par suite, des prix alimentaires : ceux-ci ont été divisés par deux entre 1970 et 2005. Les consommateurs ont ainsi pu accroître leur consommation de biens alimentaires auparavant considérés comme exceptionnels, tels les produits animaux, mais ils ont aussi pu augmenter leurs dépenses de consommation dans *d'autres secteurs*, stimulant l'activité économique dans son ensemble. Ces gains de productivité ont enfin reposé sur des investissements considérables en matériel agricole, consentis par les agriculteurs tout au long de la période, et participant chaque année à hauteur de 12 milliards d'euros à la formation brute de capital fixe – un indicateur clé de bonne santé de l'économie.

Au tournant des années 2000, pourtant, cette belle mécanique s'est enrayée. Sous l'effet conjugué des chocs climatiques, de la chute de la biodiversité et de l'épuisement des sols, les rendements agricoles se sont mis à stagner pour une grande partie des cultures, tandis que leur variabilité interannuelle explosait. Et ces difficultés ont rapidement eu des répercussions économiques : non seulement la productivité du travail agricole s'est mise à stagner, mais elle connaît depuis des hauts et des bas, plus fréquents et de plus grande amplitude. Et les prix alimentaires, exprimés en termes réels (corrigés de l'inflation), ont également arrêté de baisser. Cette stagnation des prix alimentaires, en se combinant au retour de l'inflation depuis 2021, pèse ainsi de plus en plus lourd sur les budgets de ménages.

Face à cette situation pour le moins délicate, nous nous sommes penchés sur deux « voies de sortie » que tout semble opposer à première vue. La première, dite de l'intensification « durable », mise sur un nouveau paquet technologique combinant génétique, robotique/numérique et biocontrôle pour relancer les gains de rendements et réduire les impacts environnementaux de l'agriculture. La seconde, basée sur les principes de l'agroécologie, fait de la préservation des agroécosystèmes et de leur biodiversité sa priorité, gage de résilience à long terme, tant agronomique, économique que politique.

D'un côté, l'intensification « durable » discutée au chapitre 4 promet de relancer une « deuxième » modernisation agricole sans remise en cause de l'organisation économique actuelle du système alimentaire. Les investissements massifs envisagés pourraient ainsi permettre des gains de rendements de 10 à 25 % sur les vingt-cinq prochaines années, tout en réduisant de 20 à 30 % les émissions de gaz à effet de serre ou les pollutions dues aux engrais azotés. Ces gains environnementaux sont loin d'être négligeables mais disent malheureusement bien peu de ce qui est pourtant au cœur de la préservation du potentiel productif de l'agriculture : *quid* de la santé des sols et de la biodiversité, facteurs de résilience et pourvoyeurs essentiels de services écosystémiques nécessaires au bon fonctionnement des agrosystèmes ? *Quid*, encore, de l'accroissement des investissements nécessaires à une telle trajectoire, notamment à l'échelle des fermes : qui pourra encore se les payer ? Qui pourra, demain, reprendre une ferme dans laquelle 3 à 4 millions d'euros de capital sont immobilisés sous forme de matériel pour faire travailler une à deux personnes ?

En miroir, la trajectoire agroécologique esquissée au chapitre 5 prend clairement à rebours les fondamentaux de l'organisation économique et logistique du système alimentaire actuel. Elle met au cœur de sa transformation les principes de diversité (de la parcelle aux paysages), d'économie circulaire et de recyclage des nutriments, et de santé des sols. Dans cette perspective, non seulement les rendements pourront difficilement continuer à augmenter, mais il faudra même dans certains cas en envisager la baisse. La bonne nouvelle, c'est que, sur le plan des équilibres physiques, cela n'est pas un problème. À la condition d'une transition vers des régimes alimentaires plus sains – plus de fruits et légumes et moins de produits animaux –, la France pourrait même améliorer sa contribution aux équilibres alimentaires mondiaux. Et les effets sur les écosystèmes et le climat seraient majeurs : des baisses d'émission de 40 à 50 %, une réduction des pollutions dues aux engrais azotés de 60 à 80 %, un retour de la biodiversité dans les paysages agricoles…

Sur le plan économique cependant, les tensions avec l'organisation économique se révèlent importantes : une hausse des prix semble inévitable, bien qu'elle soit délicate à quantifier précisément ; hausse des prix qui, même si elle peut être partiellement compensée par l'évolution des pratiques alimentaires, ne serait pas sans effet sur le budget des consommateurs, générant un choc de demande négatif pour les *autres* secteurs de l'économie ; et si l'agroécologie a bien besoin d'investissements, elle est surtout intensive en savoirs et en compétences, et contribuera certainement moins que le système actuel à la formation de capital fixe. Sans compter que, politiquement, l'agroécologie doit faire face à la résistance des acteurs syndicaux et économiques qui, aujourd'hui, envisagent l'agroécologie comme une menace ainsi qu'à une baisse des budgets publics pour l'agriculture. Ces deux facteurs rendent délicat le déploiement des mesures d'accompagnement qui seraient pourtant nécessaires.

Dans ce contexte, le débat sur l'agriculture est très souvent électrique, polarisé et polarisant, et confine de plus en plus à la guerre des tranchées. Cela tient pour partie au fait que de plus en plus d'agriculteurs ne voient plus comment s'en sortir, tandis que le budget alimentaire de beaucoup de consommateurs devient difficilement gérable face à l'inflation ou à la hausse des autres dépenses contraintes. À cette aune, on ne peut identifier des buts partagés, et plus encore des trajectoires durables de sortie de crise, que si l'on reconnaît que cette détresse existe, et qu'il faut y apporter des réponses à court terme. Au-delà, une réflexion de plus long terme est nécessaire pour ouvrir des horizons et suppose un débat apaisé. Pour cela, les quelques faits réunis dans ce livre constituent un point de départ essentiel. Ils peuvent certainement être discutés ou nuancés, mais leur reconnaissance par l'ensemble des parties prenantes semble un préalable indispensable pour réengager le dialogue. Reprenons-les sous une forme peut-être un peu stylisée, mais qui a le mérite d'aller à l'essentiel.

Premièrement, le contexte international particulièrement complexe dans lequel nous évoluons, qui voit le retour de l'arme alimentaire et des politiques protectionnistes, doit conduire à considérer l'agriculture comme une ressource géostratégique majeure pour l'Union européenne. Reconquérir un minimum d'autonomie stratégique en réduisant nos dépendances aux importations d'engrais azotés ou aux tourteaux de soja, tout en garantissant la productivité à long terme de nos sols agricoles, est à cet égard une des priorités de tout premier plan. Ce, d'autant plus que le potentiel agricole de l'Europe, l'un des plus favorables de la planète, est certainement l'une des rares ressources naturelles dont l'Europe peut encore se prévaloir – elle qui est pauvre en ressources énergétiques, en minerais de toutes sortes ou encore en terres rares, ces éléments indispensables à la confection de nos appareils électroniques. Pour répondre à ce double enjeu d'autonomie stratégique et de préservation du potentiel productif, cet ouvrage nous montre que trois « piliers » agronomiques sont aujourd'hui consensuels : une plus grande diversité des systèmes de la parcelle au paysage, une logique d'économie circulaire et de recyclage des nutriments, et une préservation des sols par leur couverture permanente.

Deuxièmement, restaurer ce potentiel productif ne peut pas passer uniquement par une action sur la production. Cela suppose aussi de ne pas chercher à extraire *plus* de nos sols agricoles que ce qu'ils peuvent fournir, renouant avec une logique de « production soutenable » qui remonte au moins au XVIIe siècle avec l'école forestière de Nancy. À cette aune, l'évolution des pratiques alimentaires vers des régimes plus sains et plus durables n'est pas vraiment une option : il faut faire deux fois plus de place dans l'assiette aux fruits, aux légumes et légumes secs, gage d'un régime alimentaire plus sain ; et pour cela réduire notre consommation de viande et de produits laitiers d'au moins 50 %, tant leur production exige en effet de grandes quantités de biomasse, « tirant » ainsi fortement sur les agrosystèmes.

Troisièmement, le « paquet technologique » de l'intensification durable peut permettre des gains environnementaux dont on aurait tort de se passer. Cependant, il faut également reconnaître que : 1) déployé seul, il sera insuffisant pour garantir le maintien de la productivité à long terme des agrosystèmes ; 2) s'il n'est pas accompagné d'une forte déspécialisation, il aura pour effet de réduire la résilience des agriculteurs, c'est-à-dire leur capacité à faire face à des chocs – climatiques, géopolitiques, etc. ; 3) trop souvent, les gains environnementaux qu'il permettrait sont invoqués pour justifier la poursuite d'un agenda d'intensification « tout court », duquel la durabilité est tout simplement absente.

Quatrièmement, le déploiement à grande échelle de l'agroécologie suppose des réorganisations significatives du système alimentaire dont les implications économiques sont trop souvent sous-estimées, notamment en matière de transformation de l'industrie, de contraintes logistiques, et *in fine* d'impacts sur les prix alimentaires. Or, mal anticipées, ces implications entrent en tension avec notre organisation économique actuelle. Le déploiement de l'agroécologie suppose donc des aménagements significatifs de cette organisation qui doivent être construits collectivement.

La reconnaissance de ces quelques faits doit permettre de construire pas à pas un chemin vers un système alimentaire résilient, durable et prospère, avec pour objectif le déploiement progressif, mais *in fine* beaucoup plus massif, de l'agroécologie. Aux quatre faits rappelés ci-dessus correspondent ainsi quatre axes de réflexion pour construire ce chemin. Le premier consiste à mieux encadrer l'innovation technologique et agronomique, afin d'amener la recherche, publique comme privée, à se mettre au service d'un triple objectif de santé des sols, d'économie circulaire et de diversification des systèmes, *avant la question des rendements*. Le deuxième sera d'identifier les outils qui permettront d'accompagner l'évolution des pratiques alimentaires, par exemple en intervenant sur les « environnements alimentaires » qui façonnent nos choix ; mais aussi en soutenant les consommateurs les plus modestes. Un troisième axe de travail est d'organiser la transition dans une logique de chaîne de valeur, c'est-à-dire en construisant des solidarités de l'amont à l'aval, et en soutenant en tant que de besoin ces logiques filières par des financements publics. Enfin, on ne saurait engager une transition de notre système alimentaire sans garantir aux acteurs agricoles une plus grande protection face à une concurrence de plus en plus agressive, en assurant des conditions de marché loyales et justes et un soutien aux agriculteurs les plus en difficulté.

Bibliographie

Aghion P., Antonin C., Bunel S. (2020), « Doit-on s'industrialiser à tout prix ? », *in Le Pouvoir de la destruction créatrice*, Odile Jacob, p. 187-214.

Agora Agriculture (2024), *Agriculture, Forestry and Food in a Climate Neutral EU. The Land Use Sectors as Part of a Sustainable Food System and Bioeconomy*, Berlin, Agora Agriculture.

Agricultural Market Task Force (2016), *Improving Market Outcomes : Enhancing the Position of Farmers in the supply chain*, Bruxelles, European Commission.

Alexandratos N., Bruinsma J. (2012), *World Agriculture Towards 2030/2050. The 2012 Revision*. Rome, FAO of the United Nations.

Andreyeva T., Long M. W., Brownell K. D. (2010), « The impact of food prices on consumption : A Systematic review of research on the price elasticity of demand for food », *American Journal of Public Health*, 100 (2), p. 216-222.

Ansaloni M., Smith A. (2022), *L'Expropriation de l'agriculture française*, Éditions du Croquant.

Aubert P.-M., Schwoob M.-H., Poux X. (2019), *Agroecology and Carbon Neutrality in Europe by 2050 : What Are the Issues ? Findings from the TYFA Modelling Exercise*, Iddri Study.

Aubert P.-M., Gardin B., Schiavo M., Alliot C. (2021), *Vers une transition juste des systèmes alimentaires. Enjeux et leviers politiques pour la France*, Iddri-BASIC.

Aubert P.-M. (2024), « "De la ferme à la table" : raisons de l'échec et comment rebondir », *L'Économie politique*, 101, p. 73-82.

Aubert P.-M., Couturier C., Doublet S., Malafosse F. (2023), « Biomasse et neutralité climat en 2050 : gérer la rareté pour maintenir des écosystèmes productifs et résilients », *Iddri – Propositions*, 03.

Aubert P.-M., Poux X. (2024), « Des filières viandes françaises sous tension : entre pressions compétitives et accès à la biomasse », *Iddri. Étude*, 5, p. 48.

Balmford A. *et al.* (2018), « The environmental costs and benefits of high-yield farming », *Nature Sustainability*, 1 (9), p. 477-485.

Barbieri P. *et al.* (2021), « Global option space for organic agriculture is delimited by nitrogen availability », *Nature Food*, 2 (5), p. 363-372.

Barreiro Hurle J. *et al.* (2021), *Modelling Environmental and Climate Ambition in the Agricultural Sector with the CAPRI Model*, Luxembourg, Publications Office of the European Union.

Barreiro-Hurle J. *et al.* (2021), « Modelling transitions to sustainable food systems : Are we missing the point ? », *EuroChoices*, 20 (3), p. 12-20.

Barry C., Fresson-Martinez C., Le Blond I. (2024), *Transformations de l'agriculture et des consommations alimentaires*, Insee-Agreste.

BASIC (2024), *Étude sur la création de valeur et les coûts sociétaux du système alimentaire français*, Paris.

Beckman J. *et al.* (2020), *Economic and Food Security Impacts of Agricultural Input Reduction Under the European Union Green Deal's Farm to Fork and Biodiversity Strategies*, Washington, Department of Agriculture, Economic Research Service.

Benamouzig D., Cortinas Muñoz J. (2019), « Les stratégies politiques des entreprises en santé publique : le cas de l'agroalimentaire en France », *Revue française des affaires sociales*, 3, p. 189-208.

Benton T. G., Bailey R. (2019), « The paradox of productivity : Agricultural productivity promotes food system inefficiency », *Global Sustainability*, 2, p. 1-8.

Beulin X., Lorot P. (2008), « Les biocarburants : un engagement responsable », *Géoéconomie*, 46 (3), p. 95-106.

Bonvillain T., Rogissard L., Féret S. (2024), *Estimation des dépenses publiques liées aux crises agricoles en France entre 2013 et 2022*, I4CE.

Boutet M., Parmentier-Cajaiba A. (2020), « Le biocontrôle : perspectives de structuration d'un secteur en développement », *in* X. Fauvergue, A. Rusch, M. Barret, M. Bardin, E. Jacquin-Joly, T. Malausa, C. Lannou (dir.), *Biocontrôle. Éléments pour une protection agroécologique des cultures*, Quae, p. 245-258.

Bremmer J. *et al.* (2021), *Impact Assessment of EC 2030 Green Deal Targets for Sustainable Crop Production*, Wageningen, Wageningen Economic Research.

Brocard C., Saujot M., Brimont L., Dubuisson-Quellier S. (2022), « Pratiques alimentaires durables : un autre regard sur et avec les personnes modestes », *Iddri. Décryptages*, 01

Burch D., Lawrence G. (2005), « Supermarket own brands, supply chains and the transformation of the agri-food system », *International Journal of Sociology of Agriculture and Food*, 13 (1), p. 1-18.

Butault J.-P. (2008), « La relation entre prix agricoles et prix alimentaires », *Revue française d'économie*, p. 215-241.

Caraes D. (2022), « Productivité de l'agriculture française en panne : quels impacts dans la filière agroalimentaire ? », *Analyses et perspectives*, 2206, p. 7.

CE (2020a), *Une stratégie « De la ferme à la table ». Pour un système alimentaire équitable, sain et respectueux de l'environnement*, Bruxelles, Commission européenne.

CE (2020b), *Stratégie de l'UE en faveur de la biodiversité à l'horizon 2030. Ramener la nature dans nos vies*, Bruxelles, Commission européenne – COM/2020/380, 22 p.

CEE (1968), *Mémorandum sur la réforme de l'agriculture dans la Communauté économique européenne*, Bruxelles, Archives historiques de la Commission – COM (68) 1000, vol. 1968/0172.

Chatellier V. (2021), « L'hétérogénéité des revenus des actifs non salariés au sein de l'agriculture française : un regard au travers de deux grilles typologiques », *Économie rurale. Agricultures, alimentations, territoires*, 378, p. 57-75.

Clapp J., Helleiner E. (2012), « Troubled futures ? The global food crisis and the politics of agricultural derivatives regulation », *Review of International Political Economy*, 19 (2), p. 181-207.

Cochet H. (2017), « Séparation capital/travail, flexibilité et rémunération des facteurs de production. La fin de l'exploitation agricole familiale ? », *Économie rurale*, 357 (1), 7p. -22.

COPA-COGECA, IBMA (2024), *Joint Letter to the EU Commission Asking to Ensure Biocontrol Solutions Are Made Available to Farmers Without Unnecessary Delays*, https://bit.ly/3UrN34d.

Dainese M. *et al.* (2019), « A global synthesis reveals biodiversity-mediated benefits for crop production », *Science Advances*, 5 (10), p. 13.

Daugbjerg C., Feindt P. H. (2017), « Post-exceptionalism in public policy : Transforming food and agricultural policy », *Journal of European Public Policy*, 24 (11), p. 1565-1584.

Davidou S., Christodoulou A., Fardet A., Frank K. (2020), « The holistico-reductionist Siga classification according to the degree of food processing : An evaluation of ultra-processed foods in French supermarkets », *Food and Function*, 11 (3), p. 2026-2039.

Denormandie J. (2021), « Pourquoi il faut investir massivement dans la troisième révolution agricole », *La Tribune*, 13 octobre 2021.

Dessirier B. *et al.* (2023), « A century of nitrogen dynamics in agricultural watersheds of Denmark », *Environmental Research Letters*, 18 (10), 104018.

Dorin B., Hourcade J.-C., Benoit-Cattin M. (2013), « A world without farmers ? The Lewis Path revisited », *CIRED Working Papers*, 47-2013, p. 22.

Dubrulle J., Cochet H., Chotteau P. (2023), « Soixante-dix ans d'accroissement de la productivité physique du travail en élevage bovin allaitant : le cas du bassin charolais », *Économie rurale*, 386 (4), p. 87-109.

Dumas P. *et al.* (à paraître), « Pathways to a sustainable food future in Sub-Saharan Africa », *Nature Food*.

Duplomb L., Louault P., Mérillou S. (2022), *Rapport d'information sur la compétitivité de la ferme France*, Paris, Commission des affaires économiques, Sénat.

Duru M., Aubert P.-M., Couturier C., Doublet S. (2021), « Scénarios de systèmes alimentaires à l'horizon 2050 au niveau européen et français : quels éclairages pour les politiques publiques ? », AE&S, 11 (1).

EC (2020), *Commission Staff Working Document. Analysis of links Between CAP Reform and Green Deal*, Bruxelles, European Commission, SWD(2020) 93.

EC (2024), *Strategic Dialogue on the Future of EU Agriculture. A Shared Prospect for Farming and Food in Europe*, Bruxelles.

Fader M. *et al.* (2013), « Spatial decoupling of agricultural production and consumption : quantifying dependences of countries on food imports due to domestic land and water constraints », *Environmental Research Letters*, 8 (1), 014046.

FAO (2023), *Revealing the True Cost of Food to Transform Agrifood System*, Rome, FAO.

FAO *et al.* (2011), *Price Volatility in Food and Agricultural Markets : Policy Responses*, FAO et OECD.

Fauvergue X. *et al.* (dir.), (2020), *Biocontrôle. Éléments pour une protection agroécologique des cultures*, Quae.

Forum pour la souverainté alimentaire (2007), *Déclaration de Nyéléni*, Sélingué, Mali.

García V. R., Gaspart F., Kastner T., Meyfroidt P. (2020), « Agricultural intensification and land use change : Assessing country-level induced intensification, land sparing and rebound effect », *Environmental Research Letters*, 15 (8), 085007.

García-Vega D. *et al.* (2024), « A safe agricultural space for biodiversity », *Frontiers in Sustainable Food Systems*, 8.

Gardin B., Berne J.-A., Catallo A., Aubert P.-M. (2024), *Quelle stratégie d'adaptation et de transition bas-carbone pour le secteur des grandes cultures en Champagne-Ardenne ?*, Iddri/Terrasolis.

Gerber J. S. *et al.* (2024), « Global spatially explicit yield gap time trends reveal regions at risk of future crop yield stagnation », *Nature Food*, 5 (2), p. 125-135.

Gouvernement français (2023), « Communiqué de presse. Accélérer la transition agroécologique grâce aux agroéquipements de demain : lancement du grand défi "robotique agricole" et 1re pierre de l'agrotechnopole », ANR, INRAe, RobAgri.

Gouvernement français (2024), *Planifier une France décarbonée. Mise en concertation de la PPE et de la SNBC*.

Harchaoui S., Chatzimpiros P. (2017), « Reconstructing production efficiency, land use and trade for livestock systems in historical perspective. The case of France, 1961-2010 », *Land Use Policy*, 67, p. 378-386.

Harchaoui S., Chatzimpiros P. (2018), « Can agriculture balance its energy consumption and continue to produce food ? A framework for assessing energy neutrality applied to French agriculture », *Sustainability*, 10 (12), p. 4624.

Harchaoui S., Chatzimpiros P. (2019), « Energy, Nitrogen, and farm surplus transitions in agriculture from historical data modeling. France, 1882-2013 », *Journal of Industrial Ecology*, 23 (2), p. 412-425.

Harchaoui S., Blazy V., Péchenart E., Wilfart A. (2023), « Challenges and opportunities for improving circularity in the poultry meat and egg sector : The case of France », *Resources, Conservation and Recycling*, 193, 106963.

Hüdig M., Laibach N., Hein A.-C. (2022), « Genome editing in crop plant research : Alignment of expectations and current developments », *Plants*, 11 (2), p. 212.

Itavi (2016), *Performances techniques et coûts de production en volailles de chair, poulettes et poules pondeuses*, Itavi.

Kaldor N. (1961), « Capital accumulation and economic growth », *in* International Economic Association (dir.), *The Theory of Capital*, Springer, p. 177-222.

Kautsky K. (1899), *The Agrarian Question*, Londres, Winchester.

Kc K. B. *et al.* (2018), « When too much isn't enough : Does current food production meet global nutritional needs ? », *PLoS One*, 13 (10), e0205683.

Le Mouël C., Forslund A. (2017), « How can we feed the world in 2050 ? A review of the responses from global scenario studies », *European Review of Agricultural Economics*, 44 (4), p. 541-591.

Logvenoff I. (2022), « Lobbies et agriculture : les acteurs les plus influents », *Agra Presse*, 3841, 1-9.

Macron E. (2017), « Discours de Rungis sur les États généraux de l'alimentation », Paris, présidence de la République française.

Maier C. S. (1977), « The politics of productivity : Foundations of American international economic policy after World War II », *International Organization*, 31 (4), p. 607-633.

Martín-Retortillo M., Pinilla V. (2015), « On the causes of economic growth in Europe : Why did agricultural labour productivity not converge between 1950 and 2005 ? », *Cliometrica*, 9 (3), p. 359-396.

Matthews A. (2008), « The European Union's common agricultural policy and developing countries : The struggle for coherence », *European Integration*, 30 (3), p. 381-399.

Meynard J.-M. *et al.* (2018), « Socio-technical lock-in hinders crop diversification in France », *Agronomy for Sustainable Development*, 38 (5), p. 54.

Midler E., Depeyrot J.-N., Detang-Dessendre C. (2019), « Performance environnementale des exploitations agricoles et emploi », *Document de travail du CEP*, 14, p. 35.

Midler E., Pagnon J., Nadeu E., Scheid A. (2023), *Environmental and climate Assessments of CAP Strategic Plans*, Bruxelels, IEEP.

Moati P. (2010), « La poussée des marques de distributeurs sur le marché alimentaire : interprétations et perspectives », *Revue d'économie industrielle*, 131, p. 133-154.

Moore F. C., Lobell D. B. (2015), « The fingerprint of climate trends on European crop yields », *Proceedings of the National Academy of Sciences*, 112 (9), p. 2670.

Mora O. *et al.* (2020), « Exploring the future of land use and food security : A new set of global scenarios », *PLoS One*, 15 (7).

Nielsen H. Ø., Konrad M. T. H., Pedersen A. B., Gyldenkærne S. (2023), « Ex-post evaluation of the Danish pesticide tax : A novel and effective tax design », *Land Use Policy*, 126, 106549.

OECD (2023), *Measuring the Environmental Performance of Agriculture Across OECD Countries. Danemark (13)*, OECD.

Oui J. (2021), *La Précision au secours des pollutions. Des technologies numériques pour écologiser le productivisme agricole*, thèse de doctorat en sociologie, EHESS.

Parlement européen (1969), « Séance du 22 janvier 1969 », *JO des Communautés européennes*, janvier, 110, p. 28-68.

Pellerin S. *et al.* (2019), *Stocker du carbone dans les sols français. Quel potentiel au regard de l'objectif 4 pour 1000 et à quel coût ? Synthèse du rapport d'étude*, INRA, Expertise Scientique Collective 4 pour 1000.

Phalan B. (2018), « What have we learned from the land sparing-sharing model ? », *Sustainability*, 10 (1760).

Poisvert C., Curie F., Moatar F. (2016), « Annual agricultural N surplus in France over a 70-year period », *Nutr. Cycl. Agroecosyst.*, 16.

Poly J. (1978), *Pour une agriculture plus économe et plus autonome*, INRA.

Ponisio L. C. *et al.* (2015), « Diversification practices reduce organic to conventional yield gap », *Proc. R. Soc. B*, 282 (1799), 20141396.

Popkin B. M. (2006), « Global nutrition dynamics : The world is shifting rapidly toward a diet linked with noncommunicable diseases », *The American Journal of Clinical Nutrition*, 84 (2), p. 289-298.

Poux X., Aubert P.-M. (2018), *Une Europe agroécologique en 2050 : une agriculture multifonctionnelle pour une alimentation saine*, Iddri.

Poux X., Aubert P.-M. (2021), *Demain, une Europe agroécologique ? Se nourrir sans pesticides, faire revivre la biodiversité*, Actes Sud.

Poux X., Aubert P.-M. (2022), « Putting permanent grassland at the heart of a European agroecological transition : Findings and questions arising from the

"Ten Years for Agroecology" (TYFA) scenario », *Grass and Forage Science*, 77 (4), p. 257-269.

Purseigle F., Hervieu B. (2022), *Une agriculture sans agriculteurs. La révolution indicible*, Presses de Sciences Po.

Regmi A., Seale J. L. (2010), *Cross-price Elasticities of Demand Across 114 Countries*, Washington, USDA-ERS Technical Bulletin.

Régnier E., Catallo A., Aubert P.-M., Bolduc N. (2024), « PAC et négociations budgétaires européennes : comment la position française pourrait-elle évoluer sous l'effet de chocs importants ? », *Iddri. Study*, 1, p. 16.

Rogissard L., Bellassen V., Foucherot C. (2021), *Une alimentation plus durable augmente-t-elle le budget des consommateurs ?*, I4CE.

Rogissard L. (2023), *Réduction de la consommation de viande : des politiques publiques bien loin des objectifs de durabilité*, I4CE.

Rousseau A. (2024), « Biodiversité : la nouvelle urgence ? La réponse d'Arnaud Rousseau (FNSEA) », *L'Opinion*, 4 juillet 2024.

Saujot M., Aubert P.-M. (2023), *Quels arbitrages politiques pour l'affichage environnemental alimentaire ?*, Iddri.

Saujot M. *et al.* (2024), *Vers un contrat social pour le XXIe siècle. Comment en sommes-nous arrivés là ? Une brève histoire des contrats sociaux des XIXe et XXe siècles en France et au Royaume-Uni*, Paris/London, Iddri/Hot or Cool.

Saujot M. *et al.* (2025), *TRAMe 2035. Transition des régimes alimentaires des ménages en France*, Iddri-I4CE.

Schauberger B. *et al.* (2018), « Yield trends, variability and stagnation analysis of major crops in France over more than a century », *Scientific Reports*, 8 (1), p. 16865.

Schiavo M., Le Mouel C., Poux X., Aubert P.-M. (2021), *An Agroecological Europe by 2050 : What Impact on Land Use, Trade and Global Food Security ?*, Iddri et INRAe.

Schiavo M., Le Mouël C., Poux X., Aubert P.-M. (2023), « The land use, trade, and global food security impacts of an agroecological transition in the EU », *Frontiers in Sustainable Food Systems*, 7.

Schiavo M., Aubert P.-M., Le Mouel C. (2025), « The impact of agroecological transition on the meat industry : An agent-based modelling approach applied to the French livestock sector », *Journal of Agricultural Economics*.

Searchinger T. *et al.* (2022), « EU climate plan sacrifices carbon storage and biodiversity for bioenergy », *Nature*, 612 (7938), p. 27-30.

Searchinger T. D., Wirsenius S., Beringer T., Dumas P. (2018), « Assessing the efficiency of changes in land use for mitigating climate change », *Nature*, 564 (7735), p. 249-253.

Searchinger T. D. *et al.* (2019), *Creating a Sustainable Food Future. A Menu of Solutions to Feed Nearly 10 Billion People by 2050*, Washington, WRI, The World Bank, UNEP et UNDP.

Searchinger T. D. *et al.* (2021), *A Pathway to Carbon Neutral Agriculture in Denmark*. Washington, World Resources Institute.

Servolin C. (1972), « L'absorption de l'agriculture dans le mode de production capitaliste », *in* Y. Tavernier, M. Gervais, C. Servolin (dir.), *L'Univers politique des paysans dans la France contemporaine*, Presses de Sciences Po, p. 41-77.

Soler L.-G., Réquillart V., Trystram G. (2011), « Organisation industrielle et durabilité », *in* C. Esnouf, M. Russel, N. Bricas (dir.), *DuALIne. Durabilité de l'alimentation face à de nouveaux enjeux. Questions à la recherche*, INRA-Cirad, p. 85-95.

Soto I. *et al.* (2019), *The Contribution of Precision Agriculture Technologies to Farm Productivity and the Mitigation of Greenhouse Gas Emissions in the EU*, Luxembourg, JRC – Publications Office of the European Union.

Sparrow R., Howard M. (2021), « Robots in agriculture : Prospects, impacts, ethics, and policy », *Precision Agriculture*, 22 (3), p. 818-833.

Springmann M. *et al.* (2018), « Options for keeping the food system within environmental limits », *Nature*, 562 (7728), p. 519-525.

Stern N. (2006), *The Economics of Climate Change. The Stern Review*, Cambridge, Cambridge University Press.

Sutton M. A. *et al.* (2011), *The European Nitrogen Assessment : Sources, Effects and Policy Perspectives*, Cambridge University Press.

Tchayanov A. V. (1990 [1924]), *L'Organisation de l'économie paysanne*, Librairie du Regard.

The Shift Project (2022), *Climat, crises. Le plan de transformation de l'économie française*, Odile Jacob.

Timmer P.C. (2009), « A World Without Agriculture ? The historical paradox of agricultural development », *Development Policy Outlook : American Entreprise Institute for Public Policy Research*, 1.

Turner P.A. *et al.* (2018), « Unprecedented rates of land-use transformation in modelled climate change mitigation pathways », *Nature Sustainability*, 1 (5), p. 240-245.

USDA (2021), *Coalition on Sustainable Productivity Growth for Food Security and Resource Conservation Background and Proposal*, Washington.

Van der Ploeg J. D. *et al.* (2019), « The economic potential of agroecology : Empirical evidence from Europe », *Journal of Rural Studies*, 71, p. 46-61.

Van Ittersum M. K. *et al.* (2013), Yield gap analysis with local to global relevance : A review », *Field Crops Research*, 143, p. 4-17.

Vieux F., Rémond D., Peyraud J.-L., Darmon N. (2022), « Approximately half of total protein intake by adults must be animal-based to meet nonprotein, nutrient-based recommendations, with variations due to age and sex », *The Journal of Nutrition*, 152 (11), p. 2514-2525.

Remerciements

Si le contenu de ce livre n'engage évidemment que moi, il est aussi le fruit d'une dynamique collective. Il doit en premier lieu beaucoup à toutes celles et à tous ceux qui, depuis bientôt dix ans, ont bien voulu partager leur connaissance du monde agricole et des enjeux alimentaires tout en challengeant mes travaux. Ils et elles sont agriculteurs, responsables syndicaux, membres d'organisations de la société civile, élus à différents niveaux, chercheurs ou encore agents de l'État ou de la Commission européenne.

Ce livre n'existerait pas sous cette forme sans le formidable travail d'équipe fourni chaque jour par notre petit collectif à l'Iddri. Je pense en particulier à Xavier Poux, qui m'a tout appris ou presque de l'agronomie et des prairies, et qui a été au commencement de ma réflexion sur l'agroécologie ; à Aurélie Catallo, dont l'énergie et le regard critique, acéré mais toujours bienveillant, est un antidote puissant à la grisaille parisienne ; et à Baptiste Gardin et Michele Schiavo, dont les travaux de modélisation nourrissent mes réflexions depuis plusieurs années déjà.

Ma dette à l'égard de William Loveluck est grande. En me faisant découvrir un pan de littérature sur l'économie politique et sa critique, qui m'était jusqu'alors resté totalement inconnu, il m'a fait faire un bond de géant dans ma compréhension des équilibres économiques et politiques en jeu dans la transition.

Mes étudiant·e·s de la concentration Agriculture à Sciences Po ont fait les frais des nombreuses tentatives de formalisation qui ont précédé l'écriture de ce livre : qu'il·elles soient ici remercié·e·s pour leurs constructives et néanmoins impitoyables critiques au fil des semestres.

Celles et ceux qui ont accepté de relire ou de discuter des versions préliminaires de ce manuscrit, sous forme de diapos, de textes, ou simplement autour d'un café, sont nombreux et nombreuses. Qu'il me soit permis ici de citer sans ordre de préséance Tancrède Voituriez, Khalil Elouardighi, Sébastien Treyer, Léna Spinazzé, Pierre Barthélémy, Brigitte Bejean, Mathieu Saujot, Matthieu Chatenet, Tom Fleurantin, Grégoire Talbot.

Sans la ténacité de Gaëlle Jullien-Picard, mon éditrice, ce livre n'existerait tout simplement pas.

Enfin, j'ai puisé chaque jour l'énergie nécessaire pour mener à bien ce chantier auprès de mes proches, qui ont aussi dû supporter mes départs fréquents en résidence d'écriture pendant les week-ends et les vacances : Sara, Léonard et Barnabé. Ce livre leur est dédié.

Table

Préface *par Pascal Canfin* 7

INTRODUCTION – Que faire ?
Un problème aux multiples facettes.................................. 13

CHAPITRE 1 – Produire moins ? Jamais !............................ 23

Des orientations environnementales assumées,
mais contestées 27

… car difficiles à faire rimer avec profitabilité
pour le secteur agricole.. 32

Un contexte international défavorable 35

CHAPITRE 2 – Produire plus 39

Tout vient des plantes.. 40

Des demandes qui croissent et se diversifient 43

Que mettre dans nos assiettes ? (45) – Et les animaux ? (46) – Le retour au sol et la gestion de la fertilité (47) – Les biomatériaux (47) – La bioénergie (48)

Vous avez dit « azote » ? 49

Azote dans l'air, azote pour les plantes (50) – Le devenir de l'azote dans les écosystèmes (53)

Un système alimentaire transformé d'un bout à l'autre........ 54

De la biomasse à foison pour des usages qui se transforment (55) – Les ressorts physiques d'une croissance qui semblait illimitée (59) – Une mécanique qui s'enraye (61)

Les enjeux biophysiques de la transition 63

Mettre la biodiversité au cœur des systèmes agricoles (63) – Réduire les émissions, stocker du carbone : le double défi de l'agriculture pour le climat (66)

Conclusion : on saurait quoi faire… mais comment ? 68

CHAPITRE 3 – Produire plus pour gagner plus 71

La transformation structurelle en France 74

Agriculture et productivité (74) – La transformation structurelle : un mécanisme commun aux pays occidentaux (79) – Où en est l'agriculture française ? (81)

La PAC et le marché 90

Quelques repères historiques (90) – La PAC aujourd'hui (97)

L'industrie pousse (aussi) à la roue 101

De la fourche à la fourchette 106

Conclusion : quelle économie pour la transition ? 109

CHAPITRE 4 – Produire encore plus ? 115

Augmenter durablement *les rendements ?*
Une question globale 116

L'intensification durable : une nécessité pour l'Afrique subsaharienne (118) – L'intensification durable, clé de voûte du *land sparing* (122)

Les promesses de l'intensification durable en Europe.......... 126

Des promesses technologiques séduisantes (127) – Une expertise consonante (130) – Une promesse de viabilité économique (131)

Des questions en suspens... 138

L'équation alimentaire (139) – Le défi climatique (150) – Hauts rendements et biodiversité (153)

Conclusion : remettre la durabilité au premier plan ! 159

CHAPITRE 5 – Produire mieux... 163

Une agroécologie ambitieuse
pour des résultats prometteurs... 164

Appréhender les défis économiques
et politiques de l'agroécologie 169

Que compter et comment ? (169) – Saisir les reconfigurations de l'appareil productif (172)
Des reconfigurations importantes 174
Valoriser ou automatiser ? (174) – Une industrie à rediversifier (182) – Changer les pratiques alimentaires sans alourdir le budget ? (186)
Trois questions économiques pour la transition agroécologique 191
Des tensions économiques aux tensions politiques 195
Des perdants trop puissants ? (195) – La dimension internationale (198)
Conclusion : un besoin de pragmatisme 203

CONCLUSION – Dépolariser le débat, ouvrir des horizons 205

Bibliographie 213
Remerciements 221

Inscrivez-vous à notre newsletter !

Vous serez ainsi régulièrement informé(e)
de nos nouvelles parutions et de nos actualités :

https://www.odilejacob.fr/newsletter

Cet ouvrage a été composé
en Electra et en Whitney
par Nord Compo
à Villeneuve-d'Ascq (Nord).

Cet ouvrage
a été achevé d'imprimer
sur les presses de la
Nouvelle Imprimerie Laballery à Clamecy
en février 2025

N° d'édition : 4150-1106-X – N° d'impression : 501455
Dépôt légal : février 2025

Imprimé en France